GUY DE MAUPASSANT

Des Vers

PARIS
VICTOR-HAVARD, ÉDITEUR
175, Boulevard Saint-Germain, 175

1884

8° Ye
638

DES VERS

IL A ÉTÉ TIRÉ DE CET OUVRAGE :

10 exemplaires sur papier du Japon.
20   —   sur papier de Chine.
20   —   sur papier Whatman.
50   —   sur papier de Hollande.

Tous ces exemplaires sont numérotés et paraphés par l'Éditeur

Fleurons et culs-de-lampe de FRÉDÉRIC RÉGAMEY

P. LE RAT. del. et sc.

GUY DE MAUPASSANT

Des Vers

PARIS
VICTOR-HAVARD, ÉDITEUR
175, Boulevard Saint-Germain, 175

1884
Tous droits réservés.

A

GUSTAVE FLAUBERT

A L'ILLUSTRE ET PATERNEL AMI

que j'aime de toute ma tendresse,

A L'IRRÉPROCHABLE MAÎTRE

que j'admire avant tous.

Croisset, le 19 février 1880.

MON CHER BONHOMME,

'EST donc vrai? J'avais cru d'abord à *une farce!* Mais non, je m'incline.

Eh bien, ils sont délicieux à Étampes !

Allons-nous relever de tous les tribunaux du territoire français, les colonies y comprises? Et comment se fait-il qu'une pièce de vers, insérée autrefois à Paris, dans un journal qui n'existe plus, soit criminelle du moment qu'elle est reproduite par un journal de province? A quoi sommes-nous obligés maintenant? Que faut-il écrire? Dans quelle Béotie vivons-nous !

« Prévenu pour outrage aux mœurs *et* à la morale publique », deux synonymes, formant deux chefs d'accusation. Moi, j'avais à mon compte un troisième chef, un troisième outrage « *et* à la morale religieuse, » quand j'ai comparu devant la 8e chambre avec ma *Bovary* : procès qui m'a fait une réclame gigantesque, à laquelle j'attribue les deux tiers de mon succès.

Bref, je n'y comprends goutte! Es-tu la victime détournée de quelque vengeance? Il y a du louche là-dessous. Veulent-ils démonétiser la République? Oui, peut-être!

Qu'on vous poursuive pour un article politique, soit; bien que je défie tous les tribunaux de me prouver à quoi jamais cela ait servi! Mais pour de la littérature, pour des vers, non! C'est trop fort!

Ils vont te répondre que ta poésie a des « tendances » obscènes. Avec la théorie des tendances on va loin, et il faudrait s'entendre sur cette question : « La moralité dans l'art. » Ce qui est beau est moral ; voilà tout, selon moi. La poésie, comme le soleil, met de l'or sur le fumier. Tant pis pour ceux qui ne le voient pas.

Tu as traité un lieu commun parfaitement ; donc tu mérites des éloges, loin de mériter l'amende ou la prison. « Tout l'esprit d'un auteur, » dit La Bruyère, « consiste à bien définir et à bien peindre. » Tu as bien défini et bien peint. Que veut-on de plus ?

Mais « le sujet », objectera Prudhomme, le sujet, Monsieur ? Deux amants, une lessivière, le bord de l'eau ! Il fallait traiter cela plus délicatement, plus finement, stigmatiser en passant avec une pointe d'élégance et faire intervenir à la fin un *vénérable ecclésiastique* ou un *bon docteur,* débitant une conférence sur les dangers de l'amour. En un mot, votre histoire pousse à « *la conjonction des sexes.* »

« D'abord ça n'y pousse pas ! Et quand cela serait, où donc est le crime de prêcher le culte de la femme ? Mais je ne prêche rien. Mes pauvres amants ne commettent même pas un adultère ! Ils sont libres l'un et l'autre, sans engagement envers personne. » — Ah! tu auras beau te débattre, *le grand parti de l'ordre* trouvera des arguments. Résigne-toi.

Dénonce-lui (afin qu'il les supprime) *tous* les classiques grecs et romains sans exception, depuis Aristophane jusqu'au bon Horace et au tendre Virgile; ensuite parmi les étrangers : Shakespeare, Gœthe, Byron, Cervantès; chez nous, Rabelais « d'où découlent les lettres françaises, » suivant Chateaubriand dont le chef-d'œuvre roule sur un inceste, et puis Molière (voir la fureur de Bossuet contre lui), et le grand Corneille, son *Théodore* a pour motif la prostitution, et le père La Fontaine, et Voltaire et Jean-Jacques! Et les contes de Fées de Perrault! De quoi s'agit-il dans *Peau-d'Ane?* Où se passe le quatrième acte du *Roi s'amuse,* etc. ? Après quoi il faudra supprimer les livres d'histoire qui *souillent l'imagination.*

Ah! triples. . . . .
. . . .
J'en suffoque!

Et cet excellent *Voltaire* (pas le grand homme, le journal), qui l'autre jour me plaisantait sur la toquade que j'ai de croire à la haine de la Littérature ! C'est le *Voltaire* qui se trompe, et plus que jamais je crois à l'exécration inconsciente du *style*. Quand on écrit bien, on a contre soi deux ennemis : 1º le public, parce que le style le contraint à penser, l'oblige à un travail ; et 2º le gouvernement, parce qu'il sent en vous une force, et que le Pouvoir n'aime pas un autre Pouvoir.

Les gouvernements ont beau changer, Monarchie, Empire, République, peu importe ! *L'esthétique officielle* ne change pas ! De par la vertu de leur place, les administrateurs et les magistrats ont le monopole du goût (exemple : les considérants de mon acquittement). Ils savent comment on *doit* écrire, leur rhétorique est infaillible, et ils possèdent les moyens de vous en convaincre.

On montait vers l'Olympe, la face inondait de rayons, le cœur plein d'espoir, aspirant au beau, au divin, à demi dans le ciel déjà ; une patte de garde-chiourme vous ravale dans l'égout ! Vous conversiez avec la muse; on vous prend pour ceux qui corrompent les petites filles. Embaumé des ondes du Permesse, tu seras confondu avec les messieurs hantant par luxure les pissotières.

Et tu t'assoiras, mon petit, sur le banc des voleurs; et tu entendras un particulier lire tes vers (non sans faute de prosodie), et les relire, en appuyant sur certains mots auxquels il donnera un sens perfide; il en répétera quelques-uns plusieurs fois, tel que le citoyen Pinard, « le jarret, Messieurs, le jarret. »

Et, pendant que ton avocat te fera signe de te contenir (un mot pouvant te perdre), tu sentiras derrière toi, vaguement, toute la gendarmerie, toute l'armée, toute la force publique, pesant sur ton cerveau d'un poids incalculable. Alors, il te montera au cœur une haine que tu ne soupçonnes pas, avec des projets de vengeance, de suite arrêtés par l'orgueil.

Mais, encore une fois, ce n'est pas possible! tu ne seras pas poursuivi! tu ne seras pas condamné! il y a malentendu, erreur, je ne sais quoi? Le garde des sceaux va intervenir. On n'est plus aux beaux jours de la Restauration!

Cependant, qui sait? La terre a des limites, mais la bêtise humaine est infinie!

Je t'embrasse.

Ton vieux,

GUSTAVE FLAUBERT.

LE MUR

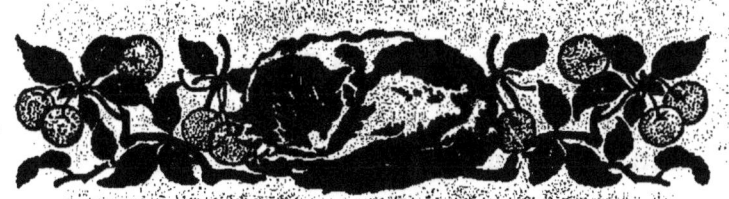

LE MUR

Les fenêtres étaient ouvertes. Le salon
Illuminé jetait des lueurs d'incendies;
Et de grandes clartés couraient sur le gazon.
Le parc, là-bas, semblait répondre aux mélodies
De l'orchestre, et faisait une rumeur au loin.
Tout chargé des senteurs des feuilles et du foin,
L'air tiède de la nuit, comme une molle haleine,

S'en venait caresser les épaules, mêlant
Les émanations des bois et de la plaine
A celles de la chair parfumée, et troublant
D'une oscillation la flamme des bougies.
On respirait les fleurs des champs et des cheveux.
Quelquefois, traversant les ombres élargies,
Un souffle froid, tombé du ciel criblé de feux,
Apportait jusqu'à nous comme une odeur d'étoiles.

Les femmes regardaient, assises mollement,
Muettes, l'œil noyé, de moment en moment
Les rideaux se gonfler ainsi que font des voiles,
Et rêvaient d'un départ à travers ce ciel d'or,
Par ce grand océan d'astres. Une tendresse
Douce les oppressait, comme un besoin plus fort
D'aimer, de dire, avec une voix qui caresse,
Tous ces vagues secrets qu'un cœur peut enfermer.
La musique chantait et semblait parfumée;
La nuit embaumant l'air en paraissait rythmée;
Et l'on croyait entendre au loin les cerfs bramer.
Mais un frisson passa parmi les robes blanches;

Chacun quitta sa place et l'orchestre se tut;
Car derrière un bois noir, sur un coteau pointu,
On voyait s'élever, comme un feu dans les branches,
La lune énorme et rouge à travers les sapins.
Et puis elle surgit au faîte, toute ronde,
Et monta, solitaire, au fond des cieux lointains,
Comme une face pâle errant autour du monde.

Chacun se dispersa par les chemins ombreux
Où, sur le sable blond, ainsi qu'une eau dormante,
La lune clairsemait sa lumière charmante.
La nuit douce rendait les hommes amoureux,
Au fond de leurs regards allumant une flamme.
Et les femmes allaient, graves, le front penché,
Ayant toutes un peu de clair de lune à l'âme!
Les brises charriaient des langueurs de péché.

J'errais, et sans savoir pourquoi, le cœur en fête.
Un petit rire aigu me fit tourner la tête,
Et j'aperçus soudain la dame que j'aimais,

Hélas ! d'une façon discrète, car jamais
Elle n'avait cessé d'être à mes vœux rebelle :
« Votre bras, et faisons un tour de parc, » dit-elle.
Elle était gaie et folle et se moquait de tout,
Prétendait que la lune avait l'air d'une veuve :
« Le chemin est trop long pour aller jusqu'au bout ;
« Car j'ai des souliers fins et ma toilette est neuve,
« Retournons. » Je lui pris le bras et l'entraînai.
Alors elle courut, vagabonde et fantasque ;
Et le vent de sa robe, au hasard promené,
Troublait l'air endormi d'un souffle de bourrasque.
Puis elle s'arrêta, soufflant ; et doucement
Nous marchâmes sans bruit tout le long d'une allée.
Des voix basses parlaient dans la nuit tendrement ;
Et, parmi les rumeurs dont l'ombre était peuplée,
On distinguait parfois comme un son de baiser.
Alors elle jetait au ciel une roulade !
Vite tout se taisait. On entendait passer
Une fuite rapide ; et quelque amant maussade
Et resté seul, pestait contre les indiscrets.

Un rossignol chantait dans un arbre, tout près;
Et dans la plaine, au loin, répondait une caille.

Soudain, blessant les yeux par son reflet brutal,
Se dressa toute blanche, une haute muraille,
Ainsi que dans un conte un palais de métal.
Elle semblait guetter de loin notre passage.
« La lumière est propice à qui veut rester sage,
« Me dit-elle. Les bois sont trop sombres, la nuit.
« Asseyons-nous un peu devant ce mur qui luit. »
Elle s'assit, riant de me voir la maudire.
Au fond du ciel, la lune aussi me sembla rire!
Et toutes deux d'accord, je ne sais trop pourquoi,
Paraissaient s'apprêter à se moquer de moi.
Donc, nous étions assis devant le grand mûr blême;
Et moi, je n'osais pas lui dire : « Je vous aime! »
Mais comme j'étouffais, je lui pris les deux mains.
Elle eut un pli léger de sa lèvre coquette;
Et me laissa venir comme un chasseur qui guette.

Des robes qui passaient au fond des noirs chemins
Mettaient parfois dans l'ombre une blancheur douteuse.

La lune nous couvrait de ses rayons pâlis ;
Et, nous enveloppant de sa clarté laiteuse,
Faisait fondre nos cœurs à sa vue amollis.
Elle glissait très haut, très placide et très lente,
Et pénétrait nos chairs d'une langueur troublante.

J'épiais ma compagne, et je sentais grandir
Dans mon être crispé, dans mes sens, dans mon âme,
Cet étrange tourment où nous jette une femme
Lorsque fermente en nous la fièvre du désir !
Lorsqu'on a, chaque nuit, dans le trouble du rêve,
Le baiser qui consent, le « oui » d'un œil fermé,
L'adorable inconnu des robes qu'on soulève,
Le corps qui s'abandonne, immobile et pâmé ;
Et qu'en réalité la dame ne nous laisse
Que l'espoir de surprendre un moment de faiblesse!

Ma gorge était aride ; et des frissons ardents
Me vinrent, qui faisaient s'entrechoquer mes dents,
Une fureur d'esclave en révolte, et la joie
De ma force pouvant saisir, comme une proie,
Cette femme orgueilleuse et calme, dont soudain
Je ferais sangloter le tranquille dédain !

Elle riait, moqueuse, effrontément jolie ;
Son haleine faisait une fine vapeur
Dont j'avais soif. — Mon cœur bondit ; une folie
Me prit. — Je la saisis en mes bras. — Elle eut peur,
Se leva. J'enlaçai sa taille avec colère,
Et je baisai, ployant sous moi son corps nerveux,
Son œil, son front, sa bouche humide et ses cheveux !

La lune, triomphant, brillait de gaîté claire.

Déjà, je la prenais, impétueux et fort,
Quand je fus repoussé par un suprême effort.

Alors recommença notre lutte éperdue
Près du mur qui semblait une toile tendue.
Or, dans un brusque élan nous étant retournés,
Nous vîmes un spectacle étonnant et comique.
Traçant dans la clarté deux corps désordonnés,
Nos ombres agitaient une étrange mimique,
S'attirant, s'éloignant, s'étreignant tour à tour.
Elles semblaient jouer quelque bouffonnerie,
Avec des gestes fous de pantins en furie,
Esquissant drôlement la charge de l'Amour.
Elles se tortillaient farces ou convulsives.
Se heurtaient de la tête ainsi que des béliers;
Puis, redressant soudain leurs tailles excessives,
Restaient fixes, debout comme deux grands piliers.
Quelquefois, déployant quatre bras gigantesques,
Elles se repoussaient, noires sur le mur blanc;
Et prises tout à coup de tendresses grotesques
Paraissaient se pâmer dans un baiser brûlant.

La chose étant très gaie et très inattendue,
Elle se mit à rire. — Et comment se fâcher,

Se débattre et défendre aux lèvres d'approcher
Lorsqu'on rit? — Un instant de gravité perdue
Plus qu'un cœur embrasé peut sauver un amant!

Le rossignol chantait dans son arbre. La lune
Du fond du ciel serein recherchait vainement
Nos deux ombres au mur et n'en voyait plus qu'une.

UN COUP DE SOLEIL

UN COUP DE SOLEIL

C'était au mois de juin. Tout paraissait en fête.
La foule circulait bruyante et sans souci.
Je ne sais trop pourquoi j'étais heureux aussi ;
Ce bruit, comme une ivresse, avait troublé ma tête.
Le soleil excitait les puissances du corps ;
Il entrait tout entier jusqu'au fond de mon être ;
Et je sentais en moi bouillonner ces transports
Que le premier soleil au cœur d'Adam fit naître.

Une femme passait; elle me regarda.
Je ne sais pas quel feu son œil sur moi darda,
De quel emportement mon âme fut saisie;
Mais il me vint soudain comme une frénésie
De me jeter sur elle, un désir furieux
De l'étreindre en mes bras et de baiser sa bouche!
Un nuage de sang, rouge, couvrit mes yeux;
Et je crus la presser dans un baiser farouche.
Je la serrais, je la ployais, la renversant.
Puis, l'enlevant soudain par un effort puissant,
Je rejetais du pied la terre, et dans l'espace
Ruisselant de soleil, d'un bond, je l'emportais.
Nous allions par le ciel, corps à corps, face à face.
Et moi, toujours, vers l'astre embrasé je montais,
La pressant sur mon sein d'une étreinte si forte
Que dans mes bras crispés je vis qu'elle était morte...

TERREUR

†

TERREUR

CE soir-là j'avais lu fort longtemps quelque auteur.
Il était bien minuit, et tout à coup j'eus peur.
Peur de quoi? je ne sais, mais une peur horrible.
Je compris, haletant et frissonnant d'effroi,
Qu'il allait se passer une chose terrible...
Alors il me sembla sentir derrière moi
Quelqu'un qui se tenait debout, dont la figure
Riait d'un rire atroce, immobile et nerveux :
Et je n'entendais rien, cependant. O torture!

Déjà jeune Maupassant avait des hallucinations.

De sentir qu'il se baisse à toucher mes cheveux,
Qu'il est prêt à poser sa main sur mon épaule,
Et que je vais mourir si cette main me frôle !...
Il se penchait toujours vers moi, toujours plus près ;
Et moi, pour mon salut éternel, je n'aurais
Ni fait un mouvement ni détourné la tête...
Ainsi que des oiseaux battus par la tempête,
Mes pensers tournoyaient comme affolés d'horreur.
Une sueur de mort me glaçait chaque membre.
Et je n'entendais pas d'autre bruit dans ma chambre
Que celui de mes dents qui claquaient de terreur.

Un craquement se fit soudain ; fou d'épouvante,
Ayant poussé le plus terrible hurlement
Qui soit jamais sorti de poitrine vivante,
Je tombai sur le dos, roide et sans mouvement.

UNE CONQUÊTE

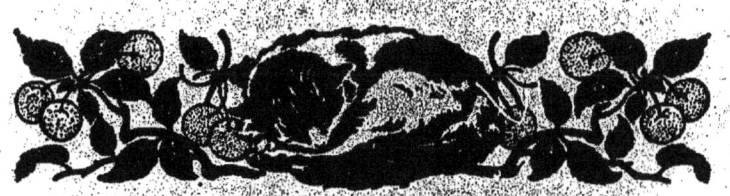

UNE CONQUÊTE

Un jeune homme marchait le long du boulevard ;
Et, sans songer à rien, il allait seul et vite,
N'effleurant même pas de son vague regard
Ces filles dont le rire en passant vous invite.

Mais un parfum si doux le frappa tout à coup
Qu'il releva les yeux. Une femme divine
Passait. A parler franc, il ne vit que son cou ;
Il était souple et rond sur une taille fine.

Il la suivit — pourquoi? — Pour rien ; ainsi qu'on suit
Un joli pied cambré qui trottine et qui fuit,
Un bout de jupon blanc qui passe et se trémousse.
On suit — c'est un instinct d'amour qui nous y pousse.

Il cherchait son histoire en regardant ses bas.
Élégante? — beaucoup le sont. — La destinée
L'avait-elle fait naître en haut ou bien en bas?
Pauvre mais déshonnête, ou sage et fortunée?

Mais, comme elle entendait un pas suivre le sien,
Elle se retourna. — C'était une merveille.
Il sentit en son cœur naître comme un lien,
Et voulut lui parler, sachant bien que l'oreille

Est le chemin de l'âme. — Ils furent séparés
Par un attroupement au détour d'une rue.
Lorsqu'il eut bien maudit les badauds désœuvrés
Et qu'il chercha sa dame, elle était disparue.

Il ressentit d'abord un véritable ennui,
Puis, comme une âme en peine, erra de place en place,
Se rafraichit le front aux fontaines Wallace,
Et rentra se coucher fort avant dans la nuit.

Vous direz qu'il avait l'âme trop ingénue ;
Si l'on ne rêvait point, que ferait-on souvent?
Mais n'est-il pas charmant, lorsque gémit le vent,
De rêver, près du feu, d'une belle inconnue?

De ce moment si court, huit jours il fut heureux.
Autour de lui dansait l'essaim brillant des songes
Qui sans cesse éveillait en son cœur amoureux
Les pensers les plus doux et les plus doux mensonges.

Ses rêves étaient sots à dormir tout debout ;
Il bâtissait sans fin de grandes aventures.
Lorsque l'âme est naïve et qu'un sang jeune bout,
Notre espoir se nourrit aux folles impostures.

Il la suivait alors aux pays étrangers ;
Ensemble ils visitaient les pleines de l'Hellade ;
Et comme un chevalier d'une ancienne ballade
Il l'arrachait toujours à d'étranges dangers.

Parfois au flanc des monts, au bord d'un précipice,
Ils allaient échangeant de doux propos d'amour ;
Souvent même il savait saisir l'instant propice
Pour ravir un baiser qu'on lui rendait toujours.

Puis, les mains dans les mains, et penchés aux portières
D'une chaise de poste emportée au galop,
Ils restaient là songeurs durant des nuits entières,
Car la lune brillait et se mirait dans l'eau.

Tantôt il la voyait, rêveuse châtelaine,
Aux balustres sculptés des gothiques balcons ;
Tantôt folle et légère et suivant par la plaine
Le lévrier rapide ou le vol des faucons.

Page, il avait l'esprit de se faire aimer d'elle.
La dame au vieux baron était vite infidèle.
Il la suivait partout, et dans les grands bois sourds
Avec sa châtelaine il s'égarait toujours.

Pendant huit jours entiers il rêva de la sorte ;
A ses meilleurs amis il défendait sa porte ;
Ne recevait personne, et, quelquefois, le soir,
Sur un vieux banc désert, seul, il allait s'asseoir.

Un matin, il était encore de bonne heure,
Il s'éveillait, bâillant et se frottant les yeux ;
Une troupe d'amis envahit sa demeure
Parlant tous à la fois, avec des cris joyeux.

Le plan du jour était d'aller à la campagne,
D'essayer un canot et d'errer dans les bois,
De scandaliser fort les honnêtes bourgeois,
Et de dîner sur l'herbe avec glace et champagne.

Il répondit d'abord, plein d'un parfait dédain,
Que leur fête pour lui n'était guère attrayante ;
Mais quand il vit partir la cohorte bruyante,
Et qu'il se trouva seul, il réfléchit soudain

Qu'on est bien pour songer sur les berges fleuries ;
Et que l'eau qui s'écoule et fuit en murmurant
Soulève mollement les tristes rêveries
Comme des rameaux morts qu'emporte le courant.

Et que c'est une ivresse entraînante et profonde
De courir au hasard et boire à pleins poumons
Le grand air libre et pur qui va des prés aux monts,
L'âpre senteur des foins et la fraîcheur de l'onde.

Que la rive murmure et fait un bruit charmant,
Qu'aux chansons des rameurs les peines sont bercées,
Et que l'esprit s'égare et flotte doucement,
Comme au courant du fleuve, au courant des pensées.

Alors il appela son groom, sauta du lit,
S'habilla, déjeuna, se rendit à la gare,
Partit tranquillement en fumant un cigare,
Et retrouva bientôt tout son monde à Marly.

Des larmes de la nuit la plaine était humide;
Une brume légère au loin flottait encor;
Les gais oiseaux chantaient; et le beau soleil d'or
Jetait mainte étincelle à l'eau fraîche et limpide.

Lorsque la sève monte et que le bois verdit,
Que de tous les côtés la grande vie éclate,
Quand au soleil levant tout chante et resplendit,
Le corps est plein de joie et l'âme se dilate.

Il est vrai qu'il avait noblement déjeuné,
Quelques vapeurs de vin lui montaient à la tête;
L'air des champs pour finir lui mit le cœur en fête,
Quand au courant du fleuve il se vit entraîné.

Le canot lentement allait à la dérive ;
Un vent léger faisait murmurer les roseaux,
Peuple frêle et chantant qui grandit sur la rive,
Et qui puise son âme au sein calme des eaux.

Vint le tour des rameurs ; et, suivant la coutume,
Leur chant rythmé frappa l'écho des environs.
Et, conduits par la voix, dans l'eau blanche d'écume
De moment en moment tombaient les avirons.

Enfin, comme on songeait à gagner la cuisine,
D'autres canots soudain passèrent auprès d'eux,
Un rire aigu partit d'une barque voisine,
Et s'en vint droit au cœur frapper mon amoureux.

Elle ! dans une barque ! Étendue à l'arrière,
Elle tenait la barre et passait en chantant !
Il resta consterné, pâle et le cœur battant,
Pendant que sa Beauté fuyait sur la rivière.

Il était triste encore à l'heure du dîner !
On s'arrêta devant une petite auberge,
Dans un jardin charmant, par des vignes borné,
Ombragé de tilleuls, et qui longeait la berge.

Mais d'autres canotiers étaient déjà venus ;
Ils lançaient des jurons d'une voix formidable,
Et, faisant un grand bruit, ils préparaient la table
Qu'ils soulevaient parfois de leurs bras forts et nus.

Elle était avec eux et buvait une absinthe !
Il demeura muet. — La drôlesse sourit,
L'appela. — Lui restait stupide. — Elle reprit :
« Vraiment, tu me prenais, nigaud, pour une Sainte ?

Or, il s'approcha d'elle en tremblant ; il dîna
A ses côtés ; et même au dessert s'étonna
De l'avoir pu rêver d'une haute famille ;
Car elle était charmante, et gaie, et bonne fille.

Elle disait : « Mon singe, » et « mon rat, et « mon chat ; »
Lui donnait à manger au bout de sa fourchette.
Ils partirent, le soir, tous les deux en cachette.
Et l'on ne sut jamais dans quel lit il coucha !

Poète au cœur naïf il cherchait une perle ;
Trouvant un bijou faux, il le prit et fit bien.
J'approuve le bon sens de cet adage ancien :
« Quand on n'a pas de grive, il faut manger un merle. »

NUIT DE NEIGE

NUIT DE NEIGE

L A grande plaine est blanche, immobile et sans voix.
Pas un bruit, pas un son; toute vie est éteinte.
Mais on entend parfois, comme une morne plainte,
Quelque chien sans abri qui hurle au coin d'un bois.

Plus de chansons dans l'air, sous nos pieds plus de chaumes.
L'hiver s'est abattu sur toute floraison.
Des arbres dépouillés dressent à l'horizon
Leurs squelettes blanchis ainsi que des fantômes.

La lune est large et pâle et semble se hâter.
On dirait qu'elle a froid dans le grand ciel austère.
De son morne regard elle parcourt la terre,
Et, voyant tout désert, s'empresse à nous quitter.

Et froids tombent sur nous les rayons qu'elle darde,
Fantastiques lueurs qu'elle s'en va semant.
Et la neige s'éclaire au loin, sinistrement,
Aux étranges reflets de la clarté blafarde.

Oh! la terrible nuit pour les petits oiseaux!
Un vent glacé frissonne et court par les allées.
Eux, n'ayant plus l'asile ombragé des berceaux,
Ne peuvent pas dormir sur leurs pattes gelées.

Dans les grands arbres nus que couvre le verglas
Ils sont là, tout tremblants, sans rien qui les protège.
De leur œil inquiet ils regardent la neige,
Attendant jusqu'au jour la nuit qui ne vient pas.

ENVOI D'AMOUR

DANS LE JARDIN DES TUILERIES

ENVOI D'AMOUR

DANS LE JARDIN DES TUILERIES

Accours, petit enfant dont j'adore la mère
Qui pour te voir jouer sur ce banc vient s'asseoir,
Pâle, avec les cheveux qu'on rêve à sa Chimère
Et qu'on dirait blondis aux étoiles du soir.

Viens là, petit enfant, donne ta lèvre rose,
Donne tes grands yeux bleus et tes cheveux frisés ;
Je leur ferai porter un fardeau de baisers ;
Afin que, retourné près d'Elle à la nuit close,

Quand tes bras sur son cou viendront se refermer,
Elle trouve à ta lèvre et sur ta chevelure
Quelque chose d'ardent ainsi qu'une brûlure!
Quelque chose de doux comme un besoin d'aimer!
Alors elle dira, frissonnante et troublée
Par cet appel d'amour dont son cœur se défend,
Prenant tous mes baisers sur ta tête bouclée :
— « Qu'est-ce que je sens donc au front de mon enfant? »

AU BORD DE L'EAU

AU BORD DE L'EAU

I

Un lourd soleil tombait d'aplomb sur le lavoir ;
Les canards engourdis s'endormaient dans la vase,
Et l'air brûlait si fort qu'on s'attendait à voir
Les arbres s'enflammer du sommet à la base.
J'étais couché sur l'herbe auprès du vieux bateau
Où des femmes lavaient leur linge. Des eaux grasses,
Des bulles de savon qui se crevaient bientôt

S'en allaient au courant, laissant de longues traces.
Et je m'assoupissais lorsque je vis venir,
Sous la grande lumière et la chaleur torride,
Une fille marchant d'un pas ferme et rapide,
Avec ses bras levés en l'air, pour maintenir
Un fort paquet de linge au-dessus de sa tête.
La hanche large avec la taille mince, faite
Ainsi qu'une Vénus de marbre, elle avançait
Très droite, et sur ses reins, un peu, se balançait.
Je la suivis, prenant l'étroite passerelle
Jusqu'au seuil du lavoir, où j'entrai derrière elle.

Elle choisit sa place, et dans un baquet d'eau,
D'un geste souple et fort, abattit son fardeau.
Elle avait tout au plus la toilette permise ;
Elle lavait son linge ; et chaque mouvement
Des bras et de la hanche accusait nettement,
Sous le jupon collant et la mince chemise,
Les rondeurs de la croupe et les rondeurs des seins.
Elle travaillait dur ; puis, quand elle était lasse,
Elle élevait les bras, et, superbe de grâce,

Tendait son corps flexible en renversant ses reins.

Mais le puissant soleil faisait craquer les planches;

Le bateau s'entr'ouvrait comme pour respirer.

Les femmes haletaient; on voyait sous leurs manches

La moiteur de leurs bras par place transpirer.

Une rougeur montait à sa gorge sanguine.

Elle fixa sur moi son regard effronté,

Dégrafa sa chemise; et sa ronde poitrine

Surgit, double et luisante, en pleine liberté,

Écartée aux sommets et d'une ampleur solide.

Elle battait alors son linge, et chaque coup

Agitait par moment d'un soubresaut rapide

Les roses fleurs de chair qui se dressent au bout.

Un air chaud me frappait, comme un souffle de forge,

A chacun des soupirs qui soulevaient sa gorge.

Les coups de son battoir me tombaient sur le cœur!

Elle me regardait d'un air un peu moqueur;

J'approchai, l'œil tendu sur sa poitrine humide

De gouttes d'eau, si blanche et tentante au baiser.

Elle eut pitié de moi, me voyant très timide,

M'aborda la première et se mit à causer.

Comme des sons perdus m'arrivaient ses paroles.

Je ne l'entendais pas, tant je la regardais.
Par sa robe entr'ouverte, au loin, je me perdais,
Devinant les dessous et brûlé d'ardeurs folles ;
Puis, comme elle partait, elle me dit tout bas
De me trouver le soir au bout de la prairie.

Tout ce qui m'emplissait s'éloigna sur ses pas ;
Mon passé disparut ainsi qu'une eau tarie !
Pourtant j'étais joyeux, car en moi j'entendais
Les ivresses chanter avec leur voix sonore.
Vers le ciel obscurci toujours je regardais,
Et la nuit qui tombait me semblait une aurore !

II

Elle était la première au lieu du rendez-vous.
J'accourus auprès d'elle et me mis à genoux,
Et promenant mes mains tout autour de sa taille
Je l'attirais. Mais elle, aussitôt, se leva,
Et par les prés baignés de lune se sauva.
Enfin je l'atteignis, car dans une broussaille
Qu'elle ne voyait point son pied fut arrêté.
Alors, fermant mes bras sur sa hanche arrondie,
Auprès d'un arbre, au bord de l'eau, je l'emportai.
Elle, que j'avais vue impudique et hardie,

Était pâle et troublée et pleurait lentement,
Tandis que je sentais comme un enivrement
De force qui montait de sa faiblesse émue.

Quel est donc et d'où vient ce ferment qui remue
Les entrailles de l'homme à l'heure de l'amour?

La lune illuminait les champs comme en plein jour.
Grouillant dans les roseaux, la bruyante peuplade
Des grenouilles faisait un grand charivari.
Une caille très loin jetait son double cri;
Et, comme préludant à quelque sérénade,
Des oiseaux réveillés commençaient leurs chansons.
Le vent me paraissait chargé d'amours lointaines,
Alourdi de baisers, plein des chaudes haleines
Que l'on entend venir avec de longs frissons,
Et qui passent roulant des ardeurs d'incendies.
Un rut puissant tombait des brises attiédies.
Et je pensai : « Combien, sous le ciel infini,
Par cette douce nuit d'été, combien nous sommes

Qu'une angoisse soulève et que l'instinct unit
Parmi les animaux comme parmi les hommes. »
Et moi j'aurais voulu, seul, être tous ceux-là !

Je pris et je baisai ses doigts ; elle trembla.
Ses mains fraîches sentaient une odeur de lavande
Et de thym, dont son linge était tout embaumé.
Sous ma bouche ses seins avaient un goût d'amande
Comme un laurier sauvage ou le lait parfumé
Qu'on boit dans la montagne aux mamelles des chèvres.
Elle se débattait ; mais je trouvai ses lèvres !
Ce fut un baiser long comme une éternité
Qui tendit nos deux corps dans l'immobilité.
Elle se renversa, râlant sous ma caresse ;
Sa poitrine oppressée et dure de tendresse,
Haletait fortement avec de longs sanglots.
Sa joue était brûlante et ses yeux demi-clos ;
Et nos bouches, nos sens, nos soupirs se mêlèrent.
Puis, dans la nuit tranquille où la campagne dort,
Un cri d'amour monta, si terrible et si fort
Que des oiseaux dans l'ombre effarés s'envolèrent.

Les grenouilles, la caille, et les bruits et les voix
Se turent; un silence énorme emplit l'espace.
Soudain, jetant aux vents sa lugubre menace,
Très loin derrière nous un chien hurla trois fois.

Mais quand le jour parut, comme elle était restée,
Elle s'enfuit. J'errai dans les champs au hasard.
La senteur de sa peau me hantait; son regard
M'attachait comme une ancre au fond du cœur jetée.
Ainsi que deux forçats rivés auux mêmes fers,
Un lien nous tenait, l'affinité des chairs.

III

Pendant cinq mois entiers, chaque soir, sur la rive,
Plein d'un emportement qui jamais ne faiblit,
J'ai caressé sur l'herbe ainsi que dans un lit
Cette fille superbe, ignorante et lascive.
Et le matin, mordus encor du souvenir,
Quoique tout alanguis des baisers de la veille,
Dès l'heure où, dans la plaine, un chant d'oiseau s'éveille,
Nous trouvions que la nuit tardait bien à venir.

Quelquefois, oubliant que le jour dût éclore,
Nous nous laissions surprendre embrassés, par l'aurore.
Vite, nous revenions le long des clairs chemins,
Mes deux yeux dans ses yeux, ses deux mains dans mes mains.
Je voyais s'allumer des lueurs dans les haies,
Des troncs d'arbre soudain rougir comme des plaies,
Sans songer qu'un soleil se levait quelque part ;
Et je croyais, sentant mon front baigné de flammes,
Que toutes ces clartés tombaient de son regard.
Elle allait au lavoir avec les autres femmes ;
Je la suivais, rempli d'attente et de désir.
La regarder sans fin était mon seul plaisir ;
Et je restais debout dans la même posture,
Muré dans mon amour comme en une prison.
Les lignes de son corps fermaient mon horizon ;
Mon espoir se bornait aux nœuds de sa ceinture.
Je demeurais près d'elle, épiant le moment
Où quelque autre attirait la gaîté toujours prête ;
Je me penchais bien vite, elle tournait la tête,
Nos bouches se touchaient, puis fuyaient brusquement.
Parfois elle sortait en m'appelant d'un signe ;
J'allais la retrouver dans quelque champ de vigne

Ou sous quelque buisson qui nous cachait aux yeux,

Nous regardions s'aimer les bêtes accouplées,

Quatre ailes qui portaient deux papillons joyeux,

Un double insecte noir qui passait les allées.

Grave, elle ramassait ces petits amoureux

Et les baisait. Souvent des oiseaux sur nos têtes

Se becquetaient sans peur; et les couples des bêtes

Ne nous redoutaient point, car nous faisions comme eux.

Puis, le cœur tout plein d'elle, à cette heure tardive

Où j'attendais, guettant les détours de la rive,

Quand elle apparaissait sous les hauts peupliers,

Le désir allumé dans sa prunelle brune,

Sa jupe balayant tous les rayons de Lune

Couchés entre chaque arbre au travers des sentiers,

Je songeais à l'amour de ces filles bibliques,

Si belles qu'en ces temps lointains on a pu voir,

Éperdus et suivant leurs formes impudiques,

Des anges qui passaient dans les ombres du soir.

IV

Un jour que le patron dormait devant la porte,
Vers midi, le lavoir se trouva dépeuplé.
Le sol brûlant fumait comme un bœuf essoufflé
Qui peine en plein soleil; mais je trouvais moins forte
Cette chaleur du ciel que celle de mes sens.
Aucun bruit ne venait que des lambeaux de chants
Et des rires d'ivrogne, au loin, sortant des bouges,
Puis la chute parfois de quelque goutte d'eau
Tombant on ne sait d'où, sueur du vieux bateau.
Or, ses lèvres brillaient comme des charbons rouges

D'où jaillirent soudain des crises de baisers,
Ainsi que d'un brasier partent des étincelles,
Jusqu'à l'affaissement de nos deux corps brisés.
On n'entendait plus rien hormis les sauterelles,
Ce peuple du soleil aux éternels cris-cris
Crépitant comme un feu parmi les prés flétris.
Et nous nous regardions, étonnés, immobiles,
Si pâles tous les deux que nous nous faisions peur,
Lisant aux traits creusés, noirs, sous nos yeux fébriles,
Que nous étions frappés de l'amour dont on meurt,
Et que par tous nos sens s'écoulait notre vie.

Nous nous sommes quittés en nous disant tout bas
Qu'au bord de l'eau, le soir, nous ne viendrions pas.

Mais, à l'heure ordinaire, une invincible envie
Me prit d'aller tout seul à l'arbre accoutumé
Rêver aux voluptés de ce corps tant aimé,
Promener mon esprit par toutes nos caresses,
Me coucher sur cette herbe et sur son souvenir.

Quand j'approchai, grisé des anciennes ivresses,
Elle était là, debout, me regardant venir.

Depuis lors, envahis par une fièvre étrange,
Nous hâtons sans répit cet amour qui nous mange.
Bien que la mort nous gagne, un besoin plus puissant
Nous travaille et nous force à mêler notre sang.
Nos ardeurs ne sont point prudentes ni peureuses;
L'effroi ne trouble pas nos regards embrasés;
Nous mourons l'un par l'autre; et nos poitrines creuses
Changent nos jours futurs contre autant de baisers.
Nous ne parlons jamais. Auprès de cette femme
Il n'est qu'un cri d'amour, celui du cerf qui brame.
Ma peau garde sans fin le frisson de sa peau
Qui m'emplit d'un désir toujours âpre et nouveau;
Et si ma bouche a soif, ce n'est que de sa bouche!
Mon ardeur s'exaspère et ma force s'abat
Dans cet accouplement mortel comme un combat.
Le gazon est brûlé qui nous servait de couche;
Et, désignant l'endroit du retour continu,
La marque de nos corps est entrée au sol nu.

Quelque matin, sous l'arbre où nous nous rencontrâmes,
On nous ramassera tous deux au bord de l'eau.
Nous serons rapportés au fond d'un lourd bateau,
Nous embrassant encore aux secousses des rames.
Puis, on nous jettera dans quelque trou caché,
Comme on fait aux gens morts en état de péché.

Mais alors, s'il est vrai que les ombres reviennent,
Nous reviendrons, le soir, sous les hauts peupliers ;
Et les gens du pays, qui longtemps se souviennent,
En nous voyant passer, l'un à l'autre liés,
Diront, en se signant, et l'esprit en prière :
« Voilà le mort d'amour avec sa lavandière. »

LES OIES SAUVAGES

LES OIES SAUVAGES

Tout est muet, l'oiseau ne jette plus ses cris.
La morne plaine est blanche au loin sous le ciel gris.
Seuls, les grands corbeaux noirs, qui vont cherchant leurs proies,
Fouillent du bec la neige et tachent sa pâleur.

Voilà qu'à l'horizon s'élève une clameur;
Elle approche, elle vient, c'est la tribu des oies.

Ainsi qu'un trait lancé, toutes, le cou tendu,
Allant toujours plus vite en leur vol éperdu,
Passent, fouettant le vent de leur aile sifflante.

Le guide qui conduit ces pèlerins des airs
Delà les océans, les bois et les déserts,
Comme pour exciter leur allure trop lente,
De moment en moment jette son cri perçant.

Comme un double ruban la caravane ondoie,
Bruit étrangement, et par le ciel déploie
Son grand triangle ailé qui va s'élargissant.

Mais leurs frères captifs répandus dans la plaine,
Engourdis par le froid, cheminent gravement.
Un enfant en haillons en sifflant les promène,
Comme de lourds vaisseaux balancés lentement.
Ils entendent le cri de la tribu qui passe,
Ils érigent leur tête; et regardant s'enfuir

Les libres voyageurs au travers de l'espace,

Les captifs tout à coup se lèvent pour partir.

Ils agitent en vain leurs ailes impuissantes,

Et, dressés sur leurs pieds, sentent confusément,

A cet appel errant, se lever grandissantes

La liberté première au fond du cœur dormant,

La fièvre de l'espace et des tièdes rivages.

Dans les champs pleins de neige ils courent effarés,

Et jetant par le ciel des cris désespérés

Ils répondent longtemps à leurs frères sauvages.

DÉCOUVERTE

DÉCOUVERTE

J'ÉTAIS enfant. J'aimais les grands combats,
Les Chevaliers et leur pesante armure,
Et tous les preux qui tombèrent là-bas
Pour racheter la Sainte Sépulture.

L'Anglais Richard faisait battre mon cœur;
Et je l'aimais, quand après ses conquêtes
Il revenait, et que son bras vainqueur
Avait coupé tout un collier de têtes.

D'une Beauté je prenais les couleurs.
Une baguette était mon cimeterre;
Puis je partais à la guerre des fleurs
Et des bourgeons dont je jonchais la terre.

Je possédais au vent libre des cieux
Un banc de mousse où s'élevait mon trône.
Je méprisais les rois ambitieux,
De rameaux verts j'avais fait ma couronne.

J'étais heureux et ravi. Mais un jour
Je vis venir une jeune compagne.
J'offris mon cœur, mon royaume et ma cour,
Et les châteaux que j'avais en Espagne.

Elle s'assit sous les marronniers verts;
Or je crus voir, tant je la trouvais belle,
Dans ses yeux bleus comme un autre univers,
Et je restai tout songeur auprès d'elle.

Pourquoi laisser mon rêve et ma gaîté
En regardant cette fillette blonde?
Pourquoi Colomb fut-il si tourmenté
Quand, dans la brume, il entrevit un monde?

L'OISELEUR

L'OISELEUR

L'OISELEUR Amour se promène
Lorsque les coteaux sont fleuris,
Fouillant les buissons et la plaine ;
Et chaque soir sa cage est pleine
Des petits oiseaux qu'il a pris.

Aussitôt que la nuit s'efface
Il vient, tend avec soin son fil,
Jette la glu de place en place,

Puis sème, pour cacher la trace,
Quelques brins d'avoine ou de mil.

Il s'embusque au coin d'une haie,
Se couche aux berges des ruisseaux,
Glisse en rampant sous la futaie,
De crainte que son pied n'effraie
Les rapides petits oiseaux.

Sous le muguet et la pervenche
L'enfant rusé cache ses rets,
Ou bien sous l'aubépine blanche
Où tombent, comme une avalanche,
Linots, pinsons, chardonnerets.

Parfois d'une souple baguette
D'osier vert ou de romarin
Il fait un piège, et puis il guette
Les petits oiseaux en goguette
Qui viennent becqueter son grain.

Étourdi, joyeux et rapide,
Bientôt approche un oiselet :
Il regarde d'un air candide,
S'enhardit, goûte au grain perfide,
Et se prend la patte au filet.

Et l'oiseleur Amour l'emmène
Loin des coteaux frais et fleuris,
Loin des buissons et de la plaine,
Et chaque soir sa cage est pleine
Des petits oiseaux qu'il a pris.

L'AÏEUL

L'AÏEUL

L'AÏEUL mourait froid et rigide.
Il avait quatre-vingt-dix ans.
La blancheur de son front livide
Semblait blanche sur ses draps blancs.
Il entr'ouvrit son grand œil pâle,
Et puis il parla d'une voix
Lointaine et vague comme un râle,
Ou comme un souffle au fond des bois.

Est-ce un souvenir, est-ce un rêve?
Aux clairs matins de grand soleil
L'arbre fermentait sous la sève,
Mon cœur battait d'un sang vermeil.
Est-ce un souvenir, est-ce un rêve?
Comme la vie est douce et brève!
Je me souviens, je me souviens
Des jours passés, des jours anciens!
J'étais jeune! je me souviens!

Est-ce un souvenir, est-ce un rêve?
L'onde sent un frisson courir
A toute brise qui s'élève;
Mon sein tremblait à tout désir.
Est-ce un souvenir, est-ce un rêve,
Ce souffle ardent qui nous soulève?
Je me souviens, je me souviens!
Force et jeunesse! ô joyeux biens!
L'amour! l'amour! je me souviens!

Est-ce un souvenir, est-ce un rêve?

Ma poitrine est pleine du bruit
Que font les vagues sur la grève,
Ma pensée hésite et me fuit.
Est-ce un souvenir, est-ce un rêve
Que je commence ou que j'achève?
Je me souviens, je me souviens!
On va m'étendre près des miens;
La mort! la mort! je me souviens!

DÉSIRS

DÉSIRS

LE rêve pour les uns serait d'avoir des ailes,
De monter dans l'espace en poussant de grands cris,
De prendre entre leurs doigts les souples hirondelles,
Et de se perdre, au soir, dans les cieux assombris.

D'autres voudraient pouvoir écraser des poitrines
En refermant dessus leurs deux bras écartés;
Et, sans ployer des reins, les prenant aux narines,
Arrêter d'un seul coup les chevaux emportés.

Moi, ce que j'aimerais, c'est la beauté charnelle :
Je voudrais être beau comme les anciens dieux,
Et qu'il restât aux cœurs une flamme éternelle
Au lointain souvenir de mon corps radieux.

Je voudrais que pour moi nulle ne restât sage,
Choisir l'une aujourd'hui, prendre l'autre demain ;
Car j'aimerais cueillir l'amour sur mon passage,
Comme on cueille des fruits en étendant la main.

Ils ont, en y mordant, des saveurs différentes ;
Ces aromes divers nous les rendent plus doux.
J'aimerais promener mes caresses errantes
Des fronts en cheveux noirs aux fronts en cheveux rou

J'adorerais surtout les rencontres des rues,
Ces ardeurs de la chair que déchaîne un regard,
Les conquêtes d'une heure aussitôt disparues,
Les baisers échangés au seul gré du hasard.

Je voudrais au matin voir s'éveiller la brune
Qui vous tient étranglé dans l'étau de ses bras;
Et, le soir, écouter le mot que dit tout bas
La blonde dont le front s'argente au clair de lune.

Puis, sans un trouble au cœur, sans un regret mordant,
Partir d'un pied léger vers une autre chimère.
— Il faut dans ces fruits-là ne mettre que la dent :
On trouverait au fond une saveur amère.

LA DERNIÈRE ESCAPADE

LA DERNIÈRE ESCAPADE

I

Un grand château bien vieux aux murs très élevés.
Les marches du perron tremblent, et l'herbe pousse,
S'élançant longue et droite aux fentes des pavés
Que le temps a verdis d'une lèpre de mousse.
Sur les côtés deux tours. L'une, en chapeau pointu,
S'amincit dans les airs. L'autre est décapitée.
Sa tête fut, un soir, par le vent emportée;

Mais un lierre, grimpé jusqu'au faîte abattu,
S'ébouriffe au-dessus comme une chevelure ;
Tandis que, s'infiltrant dans le flanc de la tour,
L'eau du ciel, acharnée et creusant chaque jour,
L'entr'ouvrit jusqu'en bas d'une immense fêlure.
Un arbre, poussé là, grandit au creux des murs.
Laissant voir vaguement de vieux salons obscurs,
Chaque fenêtre est morne ainsi qu'un regard vide.
Tout ce lourd bâtiment caduc, noirci, fané,
Que la lézarde marque au front comme une ride,
Dont s'émiette le pied, de salpêtre miné,
Dont le toit montre au ciel ses tuiles ravagées,
A l'aspect désolé des choses négligées.

Tout autour un grand parc sombre et profond s'étend ;
Il dort sous le soleil qui monte ; et l'on entend,
Par moments, y passer des rumeurs de feuillages,
Comme les bruits calmés des vagues sur les plages,
Quand la mer resplendit au loin sous le ciel bleu.
Les arbres ont poussé des branches si mêlées
Que le soleil, jetant son averse de feu,

Ne pénètre jamais la noirceur des allées.
Les arbustes sont morts sous ces géants touffus ;
Et la voûte a grandi comme une cathédrale ;
Il y flotte une odeur antique et sépulcrale,
L'humidité des lieux où l'homme ne vient plus.

Mais sur les hauts degrés du perron qui dominent
Les longs gazons qu'au loin de grands arbres terminent,
Des valets ont paru, soutenant par les bras
Deux vieillards très courbés qui vont à petits pas.
Ils traînent lentement sur les marches verdies
Les hésitations de leurs jambes roidies,
Et tâtent le chemin du bout de leur bâton.
Très vieux,— l'homme et la femme,— et branlant du menton,
Ils ont le front si lourd et la peau si fanée,
Qu'on ne devine pas quel pouvoir enfonça
Aux moelles de leurs os cette vie obstinée.
Affaissés dans leurs grands fauteuils on les laissa,
Pliés en deux, tremblant des mains et de la tête.
Ils ont baissé leurs yeux que la vieillesse hébète,
Et regardent tout près, par terre, fixement.

Ils n'ont plus de pensée. Un long tremblotement
Semble seul habiter cette décrépitude.
Et s'ils ne sont pas morts, c'est par longue habitude
De vivre à deux, tout près l'un de l'autre toujours;
Car ils n'ont plus parlé depuis beaucoup de jours.

II

Mais un souffle de feu sur la plaine s'élève.

Les arbres dans leurs flancs ont des frissons de sève,

Car sur leurs fronts troublés le soleil va passer.

Partout la chaleur monte ainsi qu'une marée :

Et, sur chaque prairie, une foule dorée

De jaunes papillons flotte et semble danser.

Épanouie au loin la campagne grésille,

C'est un bruit continu qui remplit l'horizon,

Car, affolé dans les profondeurs du gazon,

Le peuple assourdissant des criquets s'égosille.

Une fièvre de vie enflammée a couru.

Et rajeuni, tout blanc dans la chaude lumière,

Ainsi qu'aux premiers jours d'un passé disparu,

Le vieux château reprend son sourire de pierre.

Alors les deux vieillards s'animent peu à peu ;

Ils clignotent des yeux ; et, dans ce bain de feu,

Les membres desséchés lentement se détendent.

Leurs poumons refroidis aspirent du soleil ;

Et leurs esprits, confus comme après un réveil,

S'étonnent vaguement des rumeurs qu'ils entendent.

Ils se dressent, pesant des mains sur leur bâton.

L'homme se tourne un peu vers son antique amie,

La regarde un instant et dit : — « Il fait bien bon. »

Elle, levant sa tête encor tout endormie,

Et parcourant de l'œil les horizons connus,

Lui répond : « Oui, voilà les beaux jours revenus. »

Et leur voix est pareille au bêlement des chèvres.

Des gaîtés de printemps rident leurs vieilles lèvres.

Ils sont troublés, car les senteurs du bois nouveau

Les traversent parfois d'une brusque secousse,

Ainsi qu'un vin trop fort montant à leur cerveau.
Ils balancent leurs fronts d'une façon très douce,
Et retrouvent dans l'air des souffles d'autrefois.
Lui, tout à coup, avec des sanglots dans la voix :
— « C'était un jour pareil que vous êtes venue
« Au premier rendez-vous, dans la grande avenue. »
Puis ils n'ont plus rien dit; mais leurs pensers amers
Remontaient aux lointains souvenirs du jeune âge,
Ainsi que deux vaisseaux, ayant passé les mers,
S'en retournent toujours par le même sillage.
Il reprit : — « C'est bien loin, cela ne revient pas.
« Et notre banc de pierre, au fond du parc, — là-bas ? »
La femme eut un sursaut comme d'un trait blessée :
— « Allons le voir, » — dit-elle; et, la gorge oppressée,
Tous deux se sont levés soudain d'un même effort !

Couple prodigieux tant il est grêle et pâle.
Lui, dans un vieil habit de chasse à boutons d'or,
Elle, sous les dessins étranges d'un vieux châle !

III

Ils guettèrent, ayant grand'peur d'être aperçus ;
Et puis, voûtés, avec le dos rond des bossus,
Humbles d'être si vieux quand tout semblait revivre,
Ainsi que des enfants ils se prirent la main,
Et partirent, barrant la largeur du chemin.
Car chacun oscillait un peu, comme un homme ivre,
Heurtait l'autre d'un coup d'épaule quelquefois,
Promenait en zigzags leur douteux équilibre.

Leurs bâtons supportant chaque bras resté libre
Trottaient à leurs côtés comme deux pieds de bois.

Mais, d'arrêts en arrêts dans leur course essoufflée,
Ils gagnèrent le parc et puis la grande allée.
Leur passé se levait et marchait devant eux ;
Et sur la terre humide ils croyaient voir, par places,
L'empreinte fraîche encor de leurs pieds amoureux ;
Comme si les chemins avaient gardé leurs traces,
Attendant chaque jour le couple habituel.
Ils allaient, tout chétifs, près des arbres énormes,
Perdus sous la hauteur des chênes et des ormes
Qui versaient autour d'eux un soir perpétuel.

Et comme un livre ancien dont on tourne la page :
« C'est ici, » disait l'un. L'autre disait : « C'est là. »
« La place où je baisai vos doigts? — « Oui, la voilà. »
« Vos lèvres? » — « Oui ! c'est elle ! » Et leur pèlerinage,
De baisers en baisers sur la bouche ou les doigts,
Continuait ainsi qu'un chemin de la croix.

Ils débordaient tous d'eux d'allégresses passées,
Élans que prend le cœur vers les bonheurs finis,
En songeant que jadis, les tailles enlacées,
Les yeux parlant au fond des yeux, les doigts unis,
Muets, le sein troublé de fièvres inconnues,
Ils avaient parcouru ces mêmes avenues !

IV

Le banc les attendait, moussu, vieilli comme eux.
« C'est lui ! » dit-il. « C'est lui ! » reprit-elle. Ils s'assirent.
Et sous les chauds reflets des souvenirs heureux
Les profondes noirceurs des arbres s'éclaircirent.
Mais voilà que dans l'herbe ils virent s'approcher
Un crapaud centenaire aux formes empâtées.
Il imitait, avec ses pattes écartées,
Des mouvements d'enfant qui ne sait pas marcher.
Un sanglot convulsif fit râler leurs haleines ;
Lui ! le premier témoin de leurs amours lointaines,

Qui venait chaque soir écouter leurs serments.

Et seul il reconnut ces reliques d'amants;

Car hâtant sa démarche épaisse et patiente,

Gonflant son ventre, avec des yeux ronds attendris,

Contre les pieds tremblants des amoureux flétris

Il traîna lentement sa grosseur confiante.

Ils pleuraient. — Mais soudain un petit chant d'oiseau

Partit des profondeurs du bois. C'était le même

Qu'ils avaient entendu quatre-vingts ans plus tôt !

Et dans l'effarement d'un délire suprême,

Du fond des jours finis devant eux accourut,

Par bonds, comme un torrent qui va, sans cesse accru,

Toute leur vie, avec ses bonheurs, ses ivresses,

Et ses nuits sans repos de fougueuses caresses,

Et ses réveils à deux si doux, las et brisés,

Et puis, le soir, courant sous les ombres flottantes,

Les senteurs des forêts aux sèves excitantes

Qui prolongent sans fin la lenteur des baisers!...

Mais comme ils s'imprégnaient de tendresse, l'allée

S'ouvrit, laissant passer une brise affolée;

Et, parfumé, frappant leur cœur, comme autrefois,
Ce souffle, qui portait la jeunesse des bois,
Réveilla dans leur sang le frisson mort des germes.

Ils ont senti, brûlés de chaleurs d'épidermes,
Tout leur corps tressaillir et leurs mains se presser,
Et se sont regardés comme pour s'embrasser !
Mais au lieu des fronts clairs et des jeunes visages
Apparus à travers l'éloignement des âges,
Et qui les emplissaient de ces désirs éteints,
L'une tout contre l'autre, étaient deux vieilles faces
Se souriant avec de hideuses grimaces !
Ils fermèrent les yeux, tout défaillants, étreints
D'une terreur rapide et formidable comme
L'angoisse de la mort !...

— « Allons-nous-en ! » dit l'homme.
Mais ils ne purent pas se lever ; incrustés
Dans la rigidité du banc, épouvantés
D'être si loin, étant si vieux et si débiles.
Et leurs corps demeuraient tellement immobiles

Qu'ils semblaient devenus des gens de pierre. Et puis
Tous deux, soudain, d'un grand élan, se sont enfuis.

Ils geignaient de détresse, et sur leur dos la voûte
Versait comme une pluie un froid lourd goutte à goutte.
Ils suffoquaient, frappés par des souffles glacés,
Des courants d'air de cave et des odeurs moisies
Qui germaient là-dessous depuis cent ans passés.
Et sur leurs cœurs, fardeau pesant, leurs poésies
Mortes alourdissaient leurs efforts convulsifs,
Et faisaient trébucher leurs pas lents et poussifs.

V

La femme s'abattit comme un ressort qui casse.
Lui, resta sans comprendre et l'attendit, debout,
Inquiet, la croyant seulement un peu lasse,
Car sa robe tremblait toujours. Puis tout à coup
L'épouvante lui vint ainsi qu'une bourrasque.
Il se pencha, lui prit les bras, et d'un effort
Terrible, il la leva, quoiqu'il fût très peu fort.
Mais tout son pauvre corps pendait, sinistre et flasque.
Il vit qu'elle étouffait et qu'elle allait mourir;
Et pour chercher de l'aide il se mit à courir

Avec de petits bonds effrayants et grotesques ;
Décrivant, sans la main qui lui servait d'appui,
Au galop saccadé par son bâton conduit,
Des chemins compliqués comme des arabesques.
Son souffle était rapide et dur comme une toux.
Mais il sentit fléchir sa jambe vacillante,
Si molle qu'il semblait danser sur ses genoux.
Il heurtait aux troncs noirs sa course sautillante ;
Et les arbres jouaient avec lui, le poussant,
Le rejetant de l'un à l'autre, et paraissant
S'amuser lâchement avec cette agonie.
Il comprit que la lutte horrible était finie ;
Et, comme un naufragé qui se noie, il jeta
Un petit cri plaintif en tombant sur la face.
Faible gémissement qu'aucun vent n'emporta !
Il entendit encor, quelque part dans l'espace,
Les longs croassement lugubres d'un corbeau
Mêlés aux sons lointains d'une cloche cassée.
Et puis tout bruit cessa. L'ombre épaisse et glacée
S'appesantit sur eux, lourde comme un tombeau.

VI

Ils restaient là. Le jour s'éteignit. Les ténèbres
Emplirent tout le ciel de leurs houles funèbres.
Ils restaient là, roulés comme deux petits tas
De feuilles, grelottant leurs fièvres acharnées,
Si vagues dans la nuit qu'on ne les trouva pas.
Ils formaient un obstacle aux bêtes étonnées
En barrant le sentier tracé de chaque soir.
Les unes s'arrêtaient, timides, pour les voir;
D'autres les parcouraient ainsi que des épaves.
Des limaces rampaient sur eux, traînant leurs baves.

Des insectes fouillaient les replis de leurs corps,
Et d'autres s'installaient dessus, les croyant morts.

Mais un frisson bientôt courut par les allées.
Une averse entr'ouvrit les feuilles flagellées,
Ruisselante et claquant sur le sol avec bruit.
Et sur les deux vieillards qui grelottaient encore,
La pluie, en flots épais, tomba toute la nuit.

Puis, lorsque reparut la clarté de l'aurore,
Sous l'égout persistant des hauts feuillages verts
On ramassa, tout froids en leurs habits humides,
Deux petits corps sans vie, effrayants et rigides
Ainsi que les noyés qu'on trouve au fond des mers.

PROMENADE

A SEIZE ANS

PROMENADE

A SEIZE ANS

La terre souriait au ciel bleu. L'herbe verte
De gouttes de rosée était encor couverte.
Tout chantait par le monde ainsi que dans mon cœur.
Caché dans un buisson, quelque merle moqueur
Sifflait. — Me raillait-il ? — Moi, je n'y songeais guère.
Nos parents querellaient, car ils étaient en guerre
Du matin jusqu'au soir, je ne sais plus pourquoi.
Elle cueillait des fleurs, et marchait près de moi.

Je gravis une pente et m'assis sur la mousse
A ses pieds. Devant nous une colline rousse
Fuyait sous le soleil jusques à l'horizon.
Elle dit : « — Voyez donc ce mont, et ce gazon
« Jauni, cette ravine au voyageur rebelle ! »
Pour moi je ne vis rien, sinon qu'elle était belle.
Alors elle chanta. — Combien j'aimais sa voix !
Il fallut revenir et traverser le bois.
Un jeune orme tombé barrait toute la route ;
J'accourus ; je le tins en l'air comme une voûte.
Et, le front couronné du dôme verdoyant,
La belle enfant passa sous l'arbre en souriant.
Émus de nous sentir côte à côte, et timides,
Nous regardions nos pieds et les herbes humides.
Les champs autour de nous étaient silencieux.
Parfois, sans me parler, elle levait les yeux ;
Alors il me semblait (je me trompe peut-être)
Que dans nos jeunes cœurs nos regards faisaient naître
Beaucoup d'autres pensers, et qu'ils causaient tout bas
Bien mieux que nous, disant ce que nous n'osions pas.

SOMMATION

SANS RESPECT

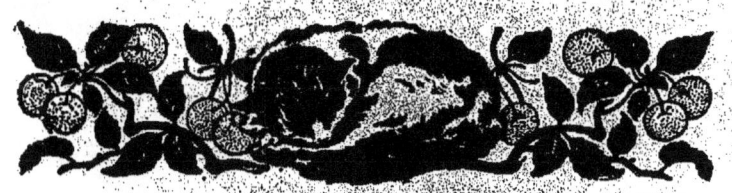

SOMMATION

SANS RESPECT

Je connaissais fort peu votre mari, madame;
Il était gros et laid, je n'en savais pas plus.
Mais on n'est pas fâché, quand on aime une femme,
Que le mari soit borgne ou bancal ou perclus.

Je sentais que cet être inoffensif et bête
Se trouvait trop petit pour être dangereux,
Qu'il pouvait demeurer debout entre nous deux,
Que nous nous aimerions au-dessus de sa tête.

Et puis, que m'importait d'ailleurs. Mais aujourd'hui
Il vous vient à l'esprit je ne sais quel caprice.
Vous parlez de serments, devoirs et sacrifice
Et remords éternels !... Et tout cela pour lui ?

Y songez-vous, madame ? Et vous croyez-vous née,
Vous, jeune, belle, avec le cœur gonflé d'espoir,
Pour vivre chaque jour et dormir chaque soir
Auprès de ce magot qui vous a profanée ?

Quoi ! Pourriez-vous avoir un instant de remords ?
Est-ce qu'on peut tromper cet avorton bonasse,
Eunuque, je suppose, et d'esprit et de corps,
Qui m'étonnerait bien s'il laissait de sa race.

Regardez-le, madame, il a les yeux percés
Comme deux petits trous dans un muid de résine.
Ses membres sont trop courts et semblent mal poussés,
Et son ventre étonnant, où sombre sa poitrine,

En toute occasion doit le gêner beaucoup.
Quand il dîne, il suspend sa serviette à son cou
Pour ne point maculer son plastron de chemise
Qu'il a d'ailleurs poivré de tabac, car il prise.

Une fois au salon il s'assied à l'écart,
Tout seul dans un coin noir, ou bien s'en va, sans morgue,
A la cuisine auprès du fourneau bien chaud, car
Il sait qu'en digérant il ronfle comme un orgue.

Il fait des jeux de mots avec sérénité ;
Vous appelle : « ma chatte » et : « ma cocotte aimée »,
Et veut, pour toute gloire et toute renommée,
Être, en leurs différends, des voisins consulté.

On dit partout de lui que c'est un bien brave homme.
Il a de l'ordre, il est soigneux, sage, économe,
Surveille la servante et lui prend le mollet,
Mais ne va pas plus haut... Elle le trouve laid.

LA CHANSON DU RAYON DE LUNE

FAITE POUR UNE NOUVELLE

AIS-TU qui je suis? — Le Rayon de Lune.
Sais-tu d'où je viens? — Regarde là-haut.
Ma mère est brillante, et la nuit est brune.
Je rampe sous l'arbre et glisse sur l'eau;
Je m'étends sur l'herbe et cours sur la dune;
Je grimpe au mur noir, au tronc du bouleau,
Comme un maraudeur qui cherche fortune.
Je n'ai jamais froid ; je n'ai jamais chaud.

Je suis si petit que je passe
Où nul autre ne passerait.
Aux vitres je colle ma face,
Et j'ai surpris plus d'un secret.
Je me couche de place en place;
Et les bêtes de la forêt,
Les amoureux au pied distrait,
Pour mieux s'aimer suivent ma trace.
Puis, quand je me perds dans l'espace,
Je laisse au cœur un long regret.

Rossignol et fauvette
Pour moi chantent au faîte
Des ormes ou des pins.
J'aime à mettre ma tête
Au terrier des lapins;
Lors, quittant sa retraite
Avec des bonds soudains,
Chacun part et se jette
A travers les chemins.

Au fond des creux ravins
Je réveille les daims
Et la biche inquiète.
Elle évente, muette,
Le chasseur qui la guette
La mort entre les mains,
Ou les appels lointains
Du grand cerf qui s'apprête
Aux amours clandestins.

Ma mère soulève
Les flots écumeux ;
Alors je me lève,
Et sur chaque grève
J'agite mes feux.
Puis j'endors la sève
Par le bois ombreux ;
Et ma clarté brève,
Dans les chemins creux,
Parfois semble un glaive
Au passant peureux.

Je donne le rêve

Aux esprits joyeux,

Un instant de trêve

Aux cœurs malheureux.

Sais-tu qui je suis ? — Le Rayon de Lune.
Et sais-tu pourquoi je viens de là-haut ?
Sous les arbres noirs la nuit était brune ;
Tu pouvais te perdre et glisser dans l'eau,
Errer par les bois, vaguer sur la dune,
Te heurter, dans l'ombre, au tronc du bouleau.
Je veux te montrer la route opportune ;
Et voilà pourquoi je viens de là-haut.

FIN D'AMOUR

FIN D'AMOUR

Le gai soleil chauffait les plaines réveillées.
Des caresses flottaient sous les calmes feuillées.
Offrant à tout désir son calice embaumé,
Où scintillait encor la goutte de rosée,
Chaque fleur, par de beaux insectes courtisée,
Laissait boire le suc en sa gorge enfermé.
De larges papillons se reposant sur elles
Les épuisaient avec un battement des ailes;
Et l'on se demandait lequel était vivant,
Car la bête avait l'air d'une fleur animée.

Des appels de tendresse éclataient dans le vent.
Tout, sous la tiède aurore, avait sa bien-aimée;
Et dans la brume rose où se lèvent les jours
On entendait chanter des couples d'alouettes,
Des étalons hennir leurs fringantes amours,
Tandis qu'offrant leurs cœurs avec des pirouettes
Des petits lapins gris sautaient au coin d'un bois.
Une joie amoureuse, épandue et puissante,
Semant par l'horizon sa fièvre grandissante,
Pour troubler tous les cœurs prenait toutes les voix.
Et sous l'abri de la ramure hospitalière
Des arbres, habités par des peuples menus,
Par ces êtres pareils à des grains de poussière,
Des foules d'animaux de nos yeux inconnus,
Pour qui les fins bourgeons sont d'immenses royaumes,
Mêlaient au jour levant leurs tendresses d'atomes.

Deux jeunes gens suivaient un tranquille chemin
Noyé dans les moissons qui couvraient la campagne.
Ils ne s'étreignaient point du bras ou de la main;
L'homme ne levait pas les yeux sur sa compagne.

Elle dit, s'asseyant au revers d'un talus :

« — Allez, j'avais bien vu que vous ne m'aimiez plus. »

Il fit un geste pour répondre : « — Est-ce ma faute ? »

Puis il s'assit près d'elle. Ils songeaient, côte à côte.

Elle reprit : « Un an ! rien qu'un an ! et voilà

« Comment tout cet amour éternel s'envola !

« Mon âme vibre encor de tes douces paroles !

« J'ai le cœur tout brûlant de tes caresses folles !

« Qui donc t'a pu changer du jour au lendemain ?

« Tu m'embrassais hier, mon Amour ; et ta main,

« Aujourd'hui, semble fuir sitôt qu'elle me touche.

« Pourquoi donc n'as-tu plus de baisers sur la bouche ?

« Pourquoi ? réponds ! » — Il dit : « — Est-ce que je le sais ? »

Elle mit son regard dans le sien pour y lire :

« — Tu ne te souviens plus comme tu m'embrassais,

« Et comme chaque étreinte était un long délire ? »

Il se leva, roulant entre ses doigts distraits

La mince cigarette, et, d'une voix lassée :

« — Non, c'est fini, dit-il, à quoi bon les regrets ?

« On ne rappelle pas une chose passée,

« Et nous n'y pouvons rien, mon amie ! »

— A pas lents
Ils partirent, le front penché, les bras ballants.
Elle avait des sanglots qui lui gonflaient la gorge,
Et des larmes venaient luire au bord de ses yeux.
Ils firent s'envoler au milieu d'un champ d'orge
Deux pigeons qui, s'aimant, fuirent d'un vol joyeux.
Autour d'eux, sous leurs pieds, dans l'azur sur leur tête,
L'Amour était partout comme une grande fête.
Longtemps le couple ailé dans le ciel bleu tourna.
Un gars qui s'en allait au travail entonna
Une chanson qui fit accourir, rouge et tendre,
La servante de ferme embusquée à l'attendre.

Ils marchaient sans parler. Il semblait irrité,
Et la guettait parfois d'un regard de côté,
Ils gagnèrent un bois. Sur l'herbe d'une sente,
A travers la verdure encor claire et récente,
Des flaques de soleil tombaient devant leurs pas;
Ils avançaient dessus et ne les voyaient pas.
Mais elle s'affaissa, haletante et sans force,

Au pied d'un arbre dont elle étreignit l'écorce,
Ne pouvant retenir ses sanglots et ses cris.

Il attendit d'abord, immobile et surpris,
Espérant que bientôt elle serait calmée.
Et sa lèvre lançait des filets de fumée
Qu'il regardait monter, se perdre dans l'air pur.
Puis il frappa du pied, et soudain, le front dur :
« — Finissez, je ne veux ni larmes ni querelle. »
« — Laissez-moi souffrir seule, allez-vous-en, » — dit-elle.
Et relevant sur lui ses yeux noyés de pleurs :
« — Oh ! comme j'avais l'âme éperdue et ravie !
« Et maintenant elle est si pleine de douleurs !...
« Quand on aime, pourquoi n'est-ce pas pour la vie ?
« Pourquoi cesser d'aimer? Moi, je t'aime... Et jamais
« Tu ne m'aimeras plus ainsi que tu m'aimais ! »
Il dit : « — Je n'y peux rien. La vie est ainsi faite.
« Chaque joie, ici-bas, est toujours incomplète.
« Le bonheur n'a qu'un temps. Je ne t'ai point promis
« Que cela durerait jusqu'au bord de la tombe.
« Un amour naît, vieillit comme le reste, et tombe.

« Et puis, si tu le veux, nous deviendrons amis ;
« Et nous aurons, après cette dure secousse,
« L'affection des vieux amants, sereine et douce. »
Et pour la relever il la prit par le bras.
Mais elle sanglota : « — Non, tu ne comprends pas. »
Et, se tordant les mains dans une douleur folle,
Elle criait : « — Mon Dieu ! mon Dieu ! » — Lui, sans parole,
La regardait. Il dit : « — Tu ne veux pas finir,
« Je m'en vais. » — Et partit pour ne plus revenir.

Elle se sentit seule et releva la tête.
Des légions d'oiseaux faisaient une tempête
De cris joyeux. Parfois un rossignol lointain
Jetait un trille aigu dans l'air frais du matin,
Et son souple gosier semblait rouler des perles.
Dans tout le gai feuillage éclataient des chansons :
Le hautbois des linots et le sifflet des merles,
Et le petit refrain alerte des pinsons.
Quelques hardis pierrots, sur l'herbe de la sente,
S'aimaient, le bec ouvert et l'aile frémissante.

Elle sentait partout, sous le bois reverdi,
Courir et palpiter un souffle ardent et tendre;
Alors, levant les yeux vers le ciel, elle dit :
«—Amour! l'homme est trop bas pour jamais te comprendre! »

PROPOS DES RUES

PROPOS DES RUES

Q UAND sur le boulevard je vais flâner un brin,
Combien de fois j'entends, sans mourir de chagrin,
Deux messieurs décorés, qui semblent fort capables,
Causer, en se faisant des sourires aimables.

PREMIER MONSIEUR DÉCORÉ

Comment, c'est vous?

DEUXIÈME MONSIEUR DÉCORÉ

Par quel hasard?

PREMIER MONSIEUR DÉCORÉ

Et la santé ?

DEUXIÈME MONSIEUR DÉCORÉ

Pas mal, et vous ?

PREMIER MONSIEUR DÉCORÉ

Merci, très bien.

DEUXIÈME MONSIEUR DÉCORÉ

Quel temps superbe !

PREMIER MONSIEUR DÉCORÉ

S'il peut continuer, nous aurons un été
Magnifique !

DEUXIÈME MONSIEUR DÉCORÉ

C'est vrai.

PREMIER MONSIEUR DÉCORÉ

Demain je vais à l'herbe !
Dans ma propriété.

DEUXIÈME MONSIEUR DÉCORÉ

C'est le moment, tout part.

PREMIER MONSIEUR DÉCORÉ

Oui. — Chez moi les lilas ont un peu de retard ;
Le fond de l'air est sec et les nuits sont très fraîches.

DEUXIÈME MONSIEUR DÉCORÉ

Voici la lune rousse. Aurez-vous bien des pêches ?

PREMIER MONSIEUR DÉCORÉ

Oui — pas mal.

DEUXIÈME MONSIEUR DÉCORÉ

Quoi de neuf, en outre ?

PREMIER MONSIEUR DÉCORÉ

Rien.

DEUXIÈME MONSIEUR DÉCORÉ

Madame

Va bien ?

PREMIER MONSIEUR DÉCORÉ

Un peu grippée.

DEUXIÈME MONSIEUR DÉCORÉ

Oh ! par le temps qui court,

Tout le monde est malade. — Avez-vous vu le drame
De Machin ?

PREMIER MONSIEUR DÉCORÉ

Moi ? — non pas. — Qu'en dit-on ?

DEUXIÈME MONSIEUR DÉCORÉ

Presque un four.
Ce n'est pas assez fait au courant de la plume.
Ce n'est point du Sardou. Très fort, Sardou !

PREMIER MONSIEUR DÉCORÉ

Très fort !

DEUXIÈME MONSIEUR DÉCORÉ

Machin s'applique trop. C'est bon dans un volume,
On y remarque moins le travail et l'effort ;
Mais au théâtre il faut écrire comme on cause.

PREMIER MONSIEUR DÉCORÉ

Moi je reprends Feuillet. En voilà, de la prose !
Quant à tous les faiseurs de livres d'aujourd'hui

Je m'en prive. — Je n'ai plus l'âge où l'on peut lire
Beaucoup ; et mon journal suffit à mon ennui.

DEUXIÈME MONSIEUR DÉCORÉ

Le journal... et... le sexe !...

— Ils ont ce petit rire
Par lequel on avoue un vice comme il faut. —

DEUXIÈME MONSIEUR DÉCORÉ

Et la table ?

PREMIER MONSIEUR DÉCORÉ

Oh ! ça non. — Je n'ai pas ce défaut.

DEUXIÈME MONSIEUR DÉCORÉ

Et vous vous occupez toujours de politique ?

PREMIER MONSIEUR DÉCORÉ

Beaucoup, c'est même là ma consolation !

DEUXIÈME MONSIEUR DÉCORÉ

Oh! consacrer sa vie à la Chose publique,
Certes, c'est une grande et noble ambition.
Nous avons maintenant une fière phalange
D'orateurs à la Chambre.

PREMIER MONSIEUR DÉCORÉ

Ils sont très forts, très forts.

DEUXIÈME MONSIEUR DÉCORÉ

Mais quel malheur que Thiers et Changarnier soient morts !
A propos, lisez-vous ce Zola?

PREMIER MONSIEUR DÉCORÉ

Quelle fange ! ! !

DEUXIÈME MONSIEUR DÉCORÉ

Et l'on viendra se plaindre après que tout est cher;
Et qu'on fraude, et qu'on trompe, et qu'on vole, et qu'on pille !
On sape la morale, on détruit la famille.
Où tombons-nous?

PREMIER MONSIEUR DÉCORÉ

Hélas!... Allons, adieu mon cher,
L'heure me presse.

DEUXIÈME MONSIEUR DÉCORÉ

Adieu. Compliments à madame.

PREMIER MONSIEUR DÉCORÉ

Je n'y manquerai pas. Mes respects, s'il vous plaît,
A votre demoiselle.

— Et chacun s'en allait. —
Et des prêtres savants disent qu'ils ont une âme!
Et que s'il est un signe où l'on voit sûrement
Qu'un Dieu fit naître l'homme au-dessus de la bête,
C'est qu'il mit la pensée auguste dans sa tête,
Et que ce noble esprit progresse incessamment.

Mais voilà si longtemps que ce vieux monde existe,
Et la sottise humaine obstinément persiste!

Entre l'homme et le veau si mon cœur hésitait,
Ma raison saurait bien le choix qu'il faudrait faire !
Car je ne comprends pas, ô cuistres, qu'on préfère
La bêtise qui parle à celle qui se tait !

VÉNUS RUSTIQUE

VÉNUS RUSTIQUE

Les Dieux sont éternels. Il en naît parmi nous
Autant qu'il en naissait dans l'antique Italie,
Mais on ne reste plus des siècles à genoux,
Et, sitôt qu'ils sont morts, le peuple les oublie.
Il en naîtra toujours, et les derniers venus
Régneront malgré tout sur la foule incrédule,
Tous les héros sont faits de la race d'Hercule.
La vieille terre enfante encore des Vénus.

I

Un jour de grand soleil, sur une grève immense,
Un pêcheur qui suivait, la hotte sur le dos,
Cette ligne d'écume où l'Océan commence,
Entendit à ses pieds quelques frêles sanglots.
Une petite enfant gisait, abandonnée,
Toute nue, et jetée en proie au flot amer,
Au flot qui monte et noie; à moins qu'elle fût née
De l'éternel baiser du sable et de la mer.

Il essuya son corps et la mit dans sa hotte,
Couchée en ses filets l'emporta triomphant;
Et, comme au bercement d'une barque qui flotte,

Le roulis de son dos fit s'endormir l'enfant.
Bientôt il ne fut plus qu'un point insaisissable,
Et le vaste horizon se referma sur lui;
Tandis que se déroule au bord de l'eau qui luit
Le chapelet sans fin de ses pas sur le sable.

Tout le pays aima l'enfant trouvée ainsi;
Et personne n'avait de plus grave souci
Que de baiser son corps mignon, rose de vie,
Et son ventre à fossette, et ses petits bras nus.
Elle tendait les mains, par les baisers ravie,
Et sa joie éclatait en rires continus.

Quand elle put enfin s'en aller par les rues,
Posant l'un devant l'autre, avec de grands efforts,
Ses pieds sur qui roulait et chancelait son corps,
Les femmes l'acclamaient, pour la voir accourues.
Plus tard, vêtue à peine avec de courts haillons,
Montrant sa jambe fine en ses élans de chèvre,
A travers l'herbe haute au niveau de sa lèvre

Elle courut la plaine après les papillons.

Et sa joue attirait tous les baisers des bouches,

Comme une fleur séduit le peuple ailé des mouches.

Quand ils la rencontraient dans les champs, les garçons

L'embrassaient follement de la tête aux chevilles,

Avec la même ardeur et les mêmes frissons

Qu'en caressant le col charnu des grandes filles.

Les vieillards la faisaient danser sur leurs genoux ;

Ils enfermaient sa taille en leurs mains amaigries,

Et pleins des souvenirs de l'ancien temps si doux,

Effleuraient ses cheveux de leurs lèvres flétries.

Bientôt, quand elle alla rôder par les chemins,

Elle eut à ses côtés un troupeau de gamins

Qui fuyaient le logis ou désertaient la classe.

D'un signe elle domptait les petits et les grands,

Et du matin au soir, sans être jamais lasse,

Elle traîna partout ces amoureux errants.

Leurs cœurs, pour la séduire, inventaient mainte fraude.

Les uns, la nuit venue, allaient à la maraude,

Sautant les murs, volant des fruits dans les jardins,

Et ne redoutant rien, gardes, chiens ou gourdins.

D'autres, pour lui trouver de mignonnes fauvettes,

Des merles au bec jaune, ou des chardonnerets,

Grimpaient de branche en branche au sommet des forêts.

Quelquefois on allait à la pêche aux crevettes.

Elle, la jambe nue et poussant son filet,

Cueillait la bête alerte avec un coup rapide ;

Eux regardaient trembler, à travers l'eau limpide,

Les contours incertains de son petit mollet.

Puis, lorsqu'on retournait, le soir, vers le village,

Ils s'arrêtaient parfois au milieu de la plage,

Et se pressant contre elle, émus, tremblant beaucoup,

La mangeaient de baisers en lui serrant le cou ;

Tandis que grave et fière, et sans trouble, et sans crainte,

Muette, elle tendait la joue à leur étreinte.

II

Elle grandit, toujours plus belle, et sa beauté
Avait l'odeur d'un fruit en sa maturité.
Ses cheveux étaient blonds, presque roux. Sur sa face
Le dur soleil des champs avait marqué sa trace :
Des petits grains de feu, charmants et clairsemés.
Le doux effort des seins en sa robe enfermés
Gonflait l'étoffe, usant aux sommets son corsage.
Tout vêtement semblait taillé pour son usage,
Tant on la sentait souple et superbe dedans.
Sa bouche était fendue et montrait bien ses dents ;
Et ses yeux bleus avaient une profondeur claire.
Les hommes du pays seraient morts pour lui plaire ;

En la voyant venir ils couraient au-devant.
Elle riait, sentant l'ardeur de leurs prunelles,
Puis passait son chemin, tranquille, et soulevant,
Au vent de ses jupons, les passions charnelles.
Sa grâce enguenillée avait l'air d'un défi ;
Et ses gestes étaient si simples et si justes,
Que mettant sa noblesse en tout, quoi qu'elle fît,
Ses besognes les plus humbles semblaient augustes.

Et l'on disait au loin, qu'après avoir touché
Sa main, on lui restait pour la vie attaché.

Pendant les durs hivers, quand l'âpre froid pénètre
Les murs de la chaumière et les gens dans leurs lits,
Lorsque les chemins creux sont par la neige emplis,
Des ombres s'approchaient, la nuit, de sa fenêtre,
Et, tachant la pâleur morne de l'horizon,
Rôdaient comme des loups autour de sa maison.

Puis, dans les clairs étés, lorsque les moissons mûres

Font venir les faucheurs aux bras noirs dans les blés,

Lorsque les lins en fleur, au moindre vent troublés,

Ondulent comme un flot, avec de longs murmures,

Elle allait ramassant la gerbe qui tombait.

Le soleil dans un ciel presque jaune flambait,

Versant une chaleur meurtrière à la plaine.

Les travailleurs courbés se taisaient, hors d'haleine.

Seules les larges faux, abattant les épis,

Traînaient leur bruit rythmé par les champs assoupis,

Mais elle, en jupon rouge, et la poitrine à l'aise

Dans sa chemise large et nouée à son col,

Ne semblait point sentir ces ardeurs de fournaise

Qui faisaient se faner les herbes sur le sol.

Elle marchait alerte et portant à l'épaule

La gerbe de froment ou la botte de foin.

Les hommes se dressaient en la voyant de loin,

Frissonnant comme on fait quand un désir vous frôle,

Et semblaient aspirer avec des souffles forts

La troublante senteur qui venait de son corps,

Le grand parfum d'amour de cette fleur humaine !

Puis, voilà qu'au déclin d'un long jour de moisson,
Quand l'Astre rouge allait plonger à l'horizon,
On vit soudain, dressés au sommet de la plaine
Comme deux géants noirs, deux moissonneurs rivaux,
Debout dans le soleil, se battre à coups de faux !

Et l'ombre ensevelit la campagne apaisée.
L'herbe rase sua des gouttes de rosée.
Le couchant s'éteignit, tandis qu'à l'orient
Une étoile mettait au ciel un point brillant.
Les derniers bruits, lointains et confus, se calmèrent :
Le jappement d'un chien, le grelot des troupeaux,
La terre s'endormit sous un pesant repos,
Et dans le ciel tout noir les astres s'allumèrent.

Elle prit un chemin s'enfonçant dans un bois,
Et se mit à danser en courant, affolée
Par la puissante odeur des feuilles, et parfois
Regardant, à travers les arbres de l'allée,

Le clair miroitement du ciel poudré de feu.
Sur sa tête planait comme un silence bleu,
Quelque chose de doux, ainsi qu'une caresse
De la nuit, la subtile et si molle langueur
De l'ombre tiède qui fait défaillir le cœur,
Et qui vous met à l'âme une vague détresse
D'être seul. — Mais des pas voilés, des bonds craintifs,
Ces bruits légers et sourds que font les marches douces
Des bêtes de la nuit sur le tapis des mousses,
Emplirent les taillis de frôlements furtifs.
D'invisibles oiseaux heurtaient leur vol aux branches.

Elle s'assit, sentant un engourdissement
Qui, du bout de ses pieds, lui montait jusqu'aux hanches,
Un besoin de jeter au loin son vêtement,
De se coucher dans l'herbe odorante, et d'attendre
Ce baiser inconnu qui flottait dans l'air tendre.
Et parfois elle avait de rapides frissons,
Une chaleur courant de la peau jusqu'aux moelles.

Les points de feu des vers luisants dans les buissons
Mettaient à ses côtés comme un troupeau d'étoiles.

Mais un corps tout à coup s'abattit sur son corps ;
Des lèvres qui brûlaient tombèrent sur sa bouche ;
Et dans l'épais gazon, moelleux comme une couche,
Deux bras d'homme crispés lièrent ses efforts.
Puis soudain un nouveau choc étendit cet homme
Tout du long sur le sol, comme un bœuf qu'on assomme.
Un autre le tenait couché sous son genou
Et le faisait râler en lui serrant le cou.
Mais lui-même roula, la face martelée
Par un poing furieux. — A travers les halliers
On entendait venir des pas multipliés. —
Alors ce fut, dans l'ombre, une opaque mêlée,
Un tas d'hommes en rut luttant, comme des cerfs
Lorsque la blonde biche a fait bramer les mâles.
C'étaient des hurlements de colère, des râles,
Des poitrines craquant sous l'étreinte des nerfs,
Des poings tombant avec des lourdeurs de massue.
Tandis qu'assise au pied d'un vieux arbre écarté,

Et suivant le combat d'un œil plein de fierté,
De la lutte féroce elle attendait l'issue.
Or quand il n'en resta qu'un seul, le plus puissant,
Il s'élança vers elle, ivre et couvert de sang ;
Et sous l'arbre touffu qui leur servait d'alcôve
Elle reçut sans peur ses caresses de fauve !

III

Quand le feu prend soudain dans un village, on voit
L'incendie égrener, ainsi qu'une semence,
Ses flammes à travers le pays; chaque toit
S'allume à son voisin comme une torche immense,
Et l'horizon entier flamboie. — Un feu d'amour
Qui ravageait les cœurs, brûlait les corps, et, comme
L'incendie, emportait sa flamme d'homme en homme,
Eut bientôt embrasé le pays d'alentour.
Par les chemins des bois, par les ravines creuses,
Où la poussait, le soir, un instinct hasardeux,
Son pied semblait tracer des routes amoureuses;
Et ses amants luttaient sitôt qu'ils étaient deux.

Elle s'abandonnait sans résistance, née
Pour cette œuvre charnelle, et le jour ou la nuit,
Sans jamais un soupir de bonheur ou d'ennui,
Acceptait leurs baisers comme une destinée.

Quiconque avait suivi de la bouche ou des yeux
Tous les sentiers perdus de son corps merveilleux,
Cueillant ce fruit d'ivresse éternelle que sème
La Beauté dans ces flancs de déesse qu'elle aime,
Gardait au fond du cœur un long frémissement;
Et, grelottant d'amour comme on tremble de fièvre,
Il la cherchait sans cesse avec acharnement,
Laissant tomber des mots éperdus de sa lèvre.

IV

Les animaux aussi l'aimaient étrangement.

Elle avait avec eux des caresses humaines;

Et près d'elle ils prenaient des allures d'amant.

Ils frottaient à son corps ou leurs poils ou leurs laines;

Les chiens la poursuivaient en léchant ses talons;

Elle faisait, de loin, hennir les étalons,

Se cabrer les taureaux comme auprès des génisses;

Et l'on voyait, trompés par ces ardeurs factices,

Les coqs battre de l'aile, et les boucs s'attaquer

Front contre front, dressés sur leurs jambes de faunes.

Les frelons bourdonnants et les abeilles jaunes
Voyageaient sur sa peau sans jamais la piquer.
Tous les oiseaux du bois chantaient à son passage,
Ou parfois d'un coup d'aile errant la caressaient,
Nourrissant leurs petits cachés en son corsage.

Elle emplissait d'amour des troupeaux qui passaient.
Et les graves béliers aux cornes recourbées,
N'écoutant plus l'appel chevrotant du berger,
Et les brebis, poussant un bêlement léger,
Suivaient, d'un trot menu, ses grandes enjambées.

V

Certains soirs, échappant à tous, elle partait
Pour aller se baigner dans l'eau fraîche. La lune
Illuminait le sable et la mer qui montait.
Elle hâtait le pas; et sur la blonde dune
Aux lointains infinis et sans rien de vivant,
Sa grande ombre rampait très vite en la suivant.
En un tas sur la plage elle posait ses hardes,
S'avançait toute nue, et mouillait son pied blanc
Dans le flot qui roulait des écumes blafardes,
Puis, ouvrant les deux bras, s'y jetait d'un élan.

Elle sortait du bain heureuse et ruisselante,
Se couchait tout du long sur la dune, enfonçant
Dans le sable son corps magnifique et puissant.
Et, quand elle partait d'une marche plus lente,
Son contour demeurait près du flot incrusté.
On eût dit à le voir qu'une haute statue
De bronze avait été sur la grève abattue.
Et le ciel contemplait ce moule de Beauté
Avec ses milliers d'yeux. — Puis la vague furtive
L'atteignant refaisait toute plate la rive !

VI

C'était l'Être absolu, créé selon les lois
Primitives, le type éternel de la race
Qui dans le cours des temps reparaît quelquefois,
Dont la splendeur est reine ici-bas, et terrasse
Tous les vouloirs humains, et dont l'Art saint est né.
Ainsi que l'Homme aima Cléopâtre et Phryné
On l'aimait ; et son cœur répandait, comme une onde,
Sa tendresse abondante et sereine sur tous.
Elle ne détestait qu'un être par le monde :
C'était un vieux berger perfide à qui les loups

Obéissaient. —

              Jadis une Bohémienne

Le jeta tout petit dans le fond d'un fossé.

Un pâtre du pays qui l'avait ramassé

L'éleva, puis mourut, lui laissant une haine

Pour quiconque était riche ou paraissait heureux,

Et, disait-on, beaucoup de secrets ténébreux.

L'enfant grandit tout seul sans famille et sans joies,

Menant paître au hasard des chèvres ou des oies,

Et tout le jour debout sur le flanc du coteau,

Sous la pluie et le vent et l'injure des bouches.

Alors qu'il s'endormait roulé dans son manteau,

Il songeait à ceux-là qui dorment dans leurs couches ;

Puis, quand le clair soleil baignait les horizons,

Il mangeait son pain noir en guettant par la plaine

Ce filet de fumée au-dessus des maisons

Qui dit la soupe au feu dans la ferme lointaine.

Il vieillit. — Un effroi grandit à ses côtés.

On en parlait, le soir, dans les longues veillées ;

Et d'étranges récits à son nom chuchotés

Tenaient jusqu'au matin les femmes réveillées.
A son gré, disait-on, il guidait les destins,
Sur les toits ennemis faisait choir des désastres,
Et, déchiffrant ces mots de feu qui sont les astres,
Épelait l'avenir au fond des cieux lointains.
Tout le jour il roulait sa hutte vagabonde,
Ne se mêlant jamais aux hommes; et souvent,
Quand il jetait des cris inconnus dans le vent,
Des voix lui répondaient qui n'étaient point du monde.
On lui croyait encore un pouvoir dans les yeux,
Car il savait dompter les taureaux furieux.

— Et puis d'autres rumeurs coururent la contrée.
Une fille, qu'un soir il avait rencontrée,
Sentit à son aspect un trouble la saisir.
Il ne lui parla pas; mais, dans la nuit suivante,
Elle se réveilla frissonnant d'épouvante;
Elle entendait, au loin, l'appel de son désir.
Se sentant impuissante à soutenir la lutte,
Malgré l'obscurité redoutable, elle alla
Partager avec lui la paille de sa hutte!

Lors, suivant son caprice impur, il appela
Des filles chaque soir. Toutes, jeunes et belles,
Sans révolte pourtant et sans pudeurs rebelles,
Prêtaient des seins de vierge aux choses qu'il voulait,
Et paraissaient l'aimer bien qu'il fût vieux et laid.

Il était si velu du front et de la lèvre,
Avec des sourcils blancs et longs comme des crins,
Que, semblable au sayon qui lui couvrait les reins,
Sa figure semblait pleine de poils de chèvre !
Et son pied bot mettait sur la cime du mont,
Quand le soleil couchant jetait son ombre aux plaines,
Comme un sautillement sinistre de démon.

Ce vieux Satan rustique et plein d'ardeurs obscènes,
Près d'un coteau désert et sans verdure encor
Mais que les fleurs d'ajoncs couvraient d'un manteau d'or,
Par un brillant matin d'avril, rencontra celle
Que le pays entier adorait. — Il reçut
Comme un coup de soleil alors qu'il l'aperçut,

Et frémit de désir tant il la trouva belle.

Et leurs regards croisés s'attaquèrent. — Ce fut

La rencontre de Dieux ennemis sur la terre !

Il eut l'étonnement d'un chasseur à l'affût

Qui cherche une gazelle et trouve une panthère !

Elle passa. — La fleur de ses lourds cheveux blonds

Se confondit, au pied de la côte embaumée,

Comme un bouquet plus pâle, avec les fleurs d'ajoncs.

Pourtant elle tremblait, sachant sa renommée,

Et malgré le dégoût qu'elle sentait pour lui,

Redoutant son pouvoir occulte, elle avait fui.

Elle erra jusqu'au soir ; mais, à la nuit venue,

Elle s'épouvanta, pour la première fois,

De l'ombre qui tombait sur les champs et les bois.

Alors, en traversant une noire avenue,

Entre les rangs pressés des chênes, tout à coup,

Elle crut voir le pâtre immobile et debout.

Mais, comme elle partit d'une course affolée,

Elle ne sut jamais, dans son effarement,
Si ce qu'elle avait vu n'était pas seulement
Quelque tronc d'arbre mort au milieu de l'allée.

Et des jours et des mois passèrent. Sa raison,
Comme un oiseau blessé qui porte un plomb dans l'aile,
S'affaissait sous la peur incessante et mortelle.
Même elle n'osait plus sortir de sa maison,
Car sitôt qu'elle allait aux champs, elle était sûre
De voir le Vieux paraître au détour d'un chemin ;
Son œil rusé semblait dire : « C'est pour demain ; »
Et mettait comme un fer ardent sur la blessure.

Bientôt un poids si lourd courba sa volonté
Qu'en son cœur engourdi de crainte, vint à naître
Un besoin d'obéir à la fatalité.
Et, décidée enfin à se rendre à son Maître,
Elle alla le trouver par une nuit d'hiver.

La neige dont le sol était partout couvert

Étalait sa blancheur immobile. Une brise,
Qui paraissait venir du bout du monde, errait
Glaciale, et faisait craquer par la forêt
Les arbres qui dressaient, tout nus, leur forme grise.
Dans le ciel douloureux, la lune, ainsi qu'un fil
De lumière, indiquait à peine son profil.
La souffrance du froid étreignait jusqu'aux pierres.

Elle marchait, les pieds gelés, et sans songer,
Certaine qu'elle allait trouver le vieux berger,
Et tachant d'un point noir les plaines solitaires.
Mais elle s'arrêta clouée au sol : là-bas,
Sur la neige, couraient deux bêtes effrayantes ;
Elles semblaient jouer et prenaient leurs ébats,
Et l'ombre agrandissait leurs gambades géantes.
Puis, poussant par la nuit leurs élans vagabonds,
Toutes deux, dans l'ardeur d'une gaîté folâtre,
Du fond de l'horizon vinrent en quelques bonds.
Elle les reconnut : c'étaient les chiens du pâtre.
Hors d'haleine, efflanqués par la faim, l'œil ardent
Sous la ronce des poils emmêlés de leur tête,

Ils sautaient devant elle avec des cris de fête
Et ce rire velu qui découvre la dent.
Comme deux grands Seigneurs vont en une province
Quérir et ramener la Belle de leur Prince,
Et, la guidant vers lui, caracolent autour,
Ainsi la conduisaient ces messagers d'amour.

Mais l'Homme qui guettait, debout sur une butte,
Vint, et lui prit le bras en montant vers sa hutte.
La porte était ouverte, il la poussa dedans,
La dévêtant déjà de ses regards ardents.
Et des pieds à la tête il tressaillit de joie,
Ainsi qu'on fait au choc d'un bonheur qu'on attend.
Depuis qu'il l'avait vue il était haletant
Comme un limier qui chasse et n'atteint point sa proie!

Or, quand elle sentit traîner contre sa peau
La caresse visqueuse ainsi qu'une limace
De ce vieux qui gardait l'odeur de son troupeau,
Tout son être frémit sous ce baiser de glace.

Mais lui, tenant ce corps d'amour, aux flancs si doux,
Que tant de fiers garçons devaient déjà connaître,
Et fait pour être aimé si follement de tous,
En son cœur de vieillard difforme, sentit naître
La jalousie aiguë et sans pardon. Il eut
Un besoin vague et fort de vengeance cruelle!

Elle subit d'abord l'amant maigre et poilu,
Puis, comme elle luttait, il se rua sur elle
En la frappant du poing pour qu'elle consentît,
Et le silence épais des neiges amortit
Quelques cris, comme ceux des gens qu'on assassine.
Tout à coup, les deux chiens poussèrent longuement
Par la plaine déserte un triste hurlement,
Et des frissons de peur couraient sur leur échine.

Dans la cabane alors ce fut comme un combat :
Les heurts désespérés d'un corps qui se débat
Sonnant contre les murs de l'étroite demeure;
Puis, comme les sanglots d'une femme qui pleure!

Et la lutte reprit, dura longtemps, cessa
Après un faible appel de secours qui passa
Et mourut sans écho dans les champs !

— Le jour pâle
Commençait à tomber faiblement du ciel gris.
Un vent plus froid geignait avec le bruit d'un râle.
Le givre avait roidi les arbres rabougris
Qui semblaient morts. C'était partout la fin des choses.

Mais, comme on lève un voile, un nuage glissant
Fit pleuvoir sur la neige un flot de clartés roses.
Le ciel devenu pourpre éclaboussa de sang
Et le coteau désert au bout des plaines blanches,
Et la hutte du pâtre, et la glace des branches.
On eût dit qu'un grand meurtre emplissait l'horizon !
— Et le berger parut au seuil de sa maison. —
Il était rouge aussi, plus rouge que l'aurore !
Même, lorsque le ciel cramoisi fut lavé,
Quand tout redevint blanc sous le soleil levé,

Lui, hagard et debout, semblait plus rouge encore,
Comme s'il eût trempé son visage et sa main,
Avant que de sortir, dans un flot de carmin.
Il se pencha, prenant de la neige, et la trace
De ses doigts fit par terre un large trou sanglant.
S'étant agenouillé pour se laver la face,
Une eau rouge en coula, qu'il regardait, tremblant,
Avec des soubresauts de peur. — Puis il s'enfuit.

Il dévale du mont, roule dans les ornières,
Perce d'épais fourrés pareils à des crinières,
Et fait mille détours comme un loup qu'on poursuit!
Il s'arrête. — Son œil que la terreur dilate
Guette de tous côtés s'il est loin d'un hameau;
Alors dans sa main creuse il fait fondre un peu d'eau,
Pour effacer encor quelque tache écarlate!
Puis il repart. — Mais en son cœur surgit l'effroi
D'errer jusqu'à la mort, sans rencontrer personne,
Par la neige si vaste et sous un ciel si froid!
Il écoute. — Il entend une cloche qui sonne,
Et va vers le village à pas précipités.

Les paysans déjà causaient de porte en porte;
Il leur crie en courant : — Venez tous, Elle est morte!
Il passe. — Il va frapper aux logis écartés,
Répétant : — « Venez donc, venez, je l'ai tuée! »
Alors une rumeur grandit, continuée
Jusqu'aux hameaux voisins. Et chacun se levant,
Et quittant sa maison, accompagne le pâtre.
Mais lui n'arrête pas sa course opiniâtre;
Il marche. — Le troupeau des hommes le suivant
Déroule par les prés sans tache un ruban sombre.
Tout pays qu'on traverse augmente encor leur nombre;
Ils vont, tumultueux, là-bas, vers la hauteur
Où les guide, essoufflé, leur sinistre pasteur!

Ils ont compris quelle est la femme assassinée;
Et ne demandent pas ni pourquoi ni comment
Le meurtre fut commis. Ils sentent vaguement
Planer sur cette mort comme une Destinée.

— Elle avait la Beauté, lui la Ruse; il fallait

Qu'un des deux succombât. Deux Puissances égales
Ne règnent pas toujours. Deux Idoles rivales
Ne se partagent point le ciel ; et le Dieu laid
Ne pardonne jamais au Dieu beau. —

          Sur la cime
De la côte, et devant la hutte on s'arrêta.
Il osa seul entrer en face de son crime ;
Et, ramassant la morte aimée, il l'apporta,
Pour la leur jeter, nue, et d'un geste d'outrage,
Comme s'il eût crié : — « Tenez, je vous la rends ! »
Puis il gagna sa hutte et s'enferma dedans.
On l'y laissa, mordu d'amour, et plein de rage.

Sur la neige gisait le corps éblouissant
Où n'apparaissait plus une goutte de sang ;
Car les chiens, la trouvant immobile et couchée.
L'avaient avec tendresse obstinément léchée.
Elle semblait vivante, endormie. Un reflet
De beauté surhumaine illuminait sa face.

Mais le couteau restait planté, juste à la place
Où s'ouvrait une route entre ses seins de lait.
Sa figure faisait une tache dorée
Sur la blancheur du sol. — Les hommes éperdus
La contemplaient ainsi qu'une chose sacrée !
Et ses cheveux ardents, en cercle répandus,
Luisaient comme la queue en feu d'une comète,
Comme un soleil tombé de la voûte des cieux ;
On eût dit des rayons qui sortaient de sa tête,
L'auréole qu'on met autour du front des dieux !

Mais quelques paysans, des vieux au cœur pudique,
Arrachant de leur dos la veste en peau de bique,
Couvrirent brusquement sa claire nudité.
Et les jeunes, ayant coupé de longues branches,
Construit une civière et retroussé leurs manches,
Par vingt bras qui tremblaient son corps fut emporté !

La foule, sans parole, à pas lents l'accompagne ;
Et, jusqu'aux bords lointains de la pâle campagne,

Rampe, comme un serpent, l'immense défilé.
Et puis tout redevient muet et dépeuplé !

Mais le pâtre, enfermé dans sa hutte isolée,
Sent une solitude horrible autour de lui,
Comme si l'univers tout entier l'avait fui.
Il sort et n'aperçoit que la plaine gelée !...
La peur l'étreint. — N'osant rester seul plus longtemps,
Il siffle ses grands chiens, ses deux bons chiens de garde.
Comme ils n'accourent point, il s'étonne, il regarde ;
Mais il ne les voit pas gambader par les champs...
— Il crie alors. — La neige étouffe sa voix forte...
Il se met à hurler à la façon des fous !

Ses chiens, comme entraînés dans le départ de tous,
Abandonnant leur maître, avaient suivi la morte.

HISTOIRE
DU VIEUX TEMPS

SCÈNE EN VERS

Interprétée pour la première fois sur le 3ᵉ Théâtre-Français le 19 février 1879.

A MADAME

CAROLINE COMMANVILLE

Madame,

Je vous ai offert, alors que vous seule la connaissiez, cette toute petite pièce qu'on devrait appeler plus simplement « dialogue. » Maintenant qu'elle a été jouée devant le public et applaudie par quelques amis, permettez-moi de vous la dédier.

C'est ma première œuvre dramatique. Elle vous appartient de toute façon, car après avoir été la compagne de mon enfance, vous êtes devenue une amie charmante et sérieuse; et, comme pour nous rapprocher encore, une affection commune, celle de votre oncle que j'aime tant, nous a, pour ainsi dire, faits de la même famille.

Veuillez donc agréer, Madame, l'hommage de ces quelques vers comme témoignage des sentiments très dévoués, respectueux et fraternels de votre ami bien sincère et ancien camarade.

GUY DE MAUPASSANT.

Paris, le 23 février 1879.

PERSONNAGES :

LE COMTE.
LA MARQUISE.

HISTOIRE DU VIEUX TEMPS

Chambre Louis XV. — Grand feu dans la cheminée. — On est en hiver. La vieille marquise est dans son fauteuil, un livre sur les genoux; elle paraît s'ennuyer.

UN VALET, *annonçant.*

« Monsieur le comte. »

LA MARQUISE.

Enfin, cher comte, vous voici.
Vous pensez donc toujours aux vieux amis, — merci.
Je vous attendais presque avec inquiétude;

De vous voir chaque jour on a pris l'habitude ;
Puis, je ne sais pourquoi, je suis triste ce soir.
Venez, auprès du feu nous allons nous asseoir
Et causer.

LE COMTE, *s'asseyant, après lui avoir baisé la main.*

Moi, je suis tout triste aussi, marquise,
Et, lorsqu'on se fait vieux, cela démoralise.
Les jeunes ont au cœur cargaison de gaîté ;
Un nuage en leur ciel est bien vite emporté,
Et toujours tant de buts, tant d'amours à poursuivre !
Nous autres, il nous faut de la gaîté pour vivre.
La tristesse nous tue, elle s'attache à nous
Comme la mousse à l'arbre épuisé. Voyez-vous,
Contre ce mal terrible il faut bien se défendre.
Et puis, tantôt, d'Armont est venu me surprendre ;
Nous avons remué la cendre des vieux jours,
Parlé des vieux amis et des vieilles amours !
Et, depuis ce moment, comme une ombre incertaine,
Je revois s'agiter ma jeunesse lointaine.

Aussi je suis venu, tout triste et tout blessé,
M'asseoir auprès de vous et parler du passé.

LA MARQUISE.

Moi, depuis le matin, l'horrible froid m'assiège;
J'entends souffler le vent, je vois tomber la neige.
A notre âge, l'hiver afflige et fait souffrir.
Quand il gèle bien fort on croit qu'on va mourir.
Oui, causons, car un bon souvenir de jeunesse
Ravive par instants notre froide vieillesse.
C'est un peu de soleil...

LE COMTE.

Mais dans un jour d'hiver.
Mon soleil est bien pâle et mon ciel bien couvert.

LA MARQUISE.

Allons, racontez-moi quelque folle équipée.
Vous étiez, dit l'histoire, un grand traineur d'épée
Jadis, monsieur le comte, insolent, beau garçon,

Riche, bon gentilhomme et de fière façon ;
Vous avez fait scandale, et croisé votre lame
Avec plus d'un mari ; car une belle dame,
Un soir que nous causions, m'a raconté, tout bas,
Que tous les cœurs sautaient au seul bruit de vos pas.
Si l'on ne m'a menti, vous avez été page,
Grand coureur de ruelle et faiseur de tapage ;
Et vous avez dormi quatre mois en prison
Pour un certain manant pendu dans sa maison,
Lequel avait, dit-on, femme jeune et jolie.
La femme d'un manant, comte, quelle folie !
Quatre mois en prison pour cela ! C'eût été
Dame de haute race et de grande beauté,
Soit... Voyons, trouvez-moi quelque galante histoire
De grande dame ; amour romanesque, et l'armoire
Classique où le mari, dans ses retours subits,
Surprend l'amant transi parmi les vieux habits.

LE COMTE.

Et pourquoi donc toujours, toujours la grande dame ?
Les autres, cependant, plaisent aussi ; la femme

Est faite pour charmer, qu'elle soit noble ou non.
La grâce est sans aïeux et la beauté sans nom.

LA MARQUISE.

Merci ! — Je ne veux point de vos amours banales.
Vous avez autre chose au fond de vos annales,
Cher comte, et maintenant, je vous écoute, — Allez !

LE COMTE.

Il faut vous obéir, puisque vous le voulez.
Ah ! certes, le proverbe est bien vrai, sur mon âme,
Qui prétend que Dieu veut ce que veut une femme.
Quand je vins à la Cour j'étais sentimental ;
J'ouvris bientôt les yeux ; le réveil fut brutal
Par exemple. J'aimai, j'aimai la toute belle
Comtesse de Paulé. Je la croyais fidèle.
Je la surpris, un soir, aux bras d'un autre amant ;
J'en eus le cœur brisé, marquise, et sottement
Je la pleurai deux mois ! Mais la Cour et la Ville
Ont bien ri. Cette engeance est envieuse et vile,

Siffle les malheureux, applaudit au succès.

J'étais trompé, j'avais donc perdu mon procès.

Pourtant, bientôt après, j'eus une autre maîtresse ;

Mais nous logions encore à deux dans sa tendresse ;

L'autre était un poète. Il lui tournait des vers,

L'appelait fleur, étoile, astre de l'univers.

Et je ne sais quels noms. — Je provoquai le drôle.

C'était un bel esprit, il resta dans son rôle ;

Trop lâche pour se battre, il fit un plat sonnet...

Et l'on en rit encor, me traitant de benêt.

La leçon, cette fois, mit un terme à mes doutes ;

Je cessai d'en voir une, et je les aimai toutes ;

Or je pris pour devise un dicton très ancien :

« Bien fol est qui s'y fie, » — et je m'en trouvai bien.

LA MARQUISE.

Mais, autrefois, quand vous déclariez votre flamme,

Et soupiriez aux pieds de quelque belle dame,

L'enveloppant d'amour, de respects et de soins,

Parliez-vous ainsi ?

LE COMTE.

    Non; mais avouez du moins,
Entre nous, que la femme est une enfant gâtée.
On l'a trop adulée, et surtout trop chantée.
Ses flatteurs attitrés, les faiseurs de sonnets,
Lui versant tout le jour, comme des robinets,
Compliments distillés au suc de poésie,
En ont fait un enfant gonflé de fantaisie.
Aime-t-elle du moins? — Point du tout; il lui faut,
Non l'amour de vingt ans, et dont le seul défaut
Est d'aimer saintement, comme on aime à cet âge,
Mais un roué; celui qu'on regarde au passage
Avec étonnement et presque avec respect,
Toute femme s'émeut et tremble à son aspect,
Parce qu'il est, — mérite exquis et vraiment rare, —
Le premier séducteur de France et de Navarre!
Non qu'il soit jeune, non qu'il soit beau, non qu'il ait
De grandes qualités... rien; mais cet homme plait
Parce qu'il a vécu. Voilà la chose étrange;

Et c'est ainsi pourtant que l'on séduit cet ange!
Mais quand un autre vient demander, par hasard,
De quel tribut payer l'aumône d'un regard,
Elle lui rit au nez et demande la lune!
Et vous le savez bien, je ne parle pas d'une,
Mais de beaucoup.

LA MARQUISE.

C'est très galant; encor merci!
A mon tour, à présent, écoutez bien ceci :
Un vieux Renard perclus, mais de chair fraîche avide,
Rôdait, certaine nuit, triste et le ventre vide;
Il allait, ruminant ses festins d'autrefois,
La poulette surprise un soir au coin d'un bois,
Et le souple lapin qu'on prenait à la course.
L'âge, de ces douceurs avaient tari la source;
On était moins ingambe et l'on jeûnait souvent.
Quand un parfum de chasse apporté par le vent
Le frappe, un éclair brille en sa vieille prunelle.
Il aperçoit, dormant et la tête sous l'aile,

Quelques jeunes poulets perchés sur un vieux mur.
Mais Renard est bien lourd et le chemin peu sûr,
Et malgré son envie, et sa faim, et son jeûne :
« Ils sont trop verts, dit-il, et bons... pour un plus jeune. »

LE COMTE.

Marquise, c'est méchant, ce que vous dites là ;
Mais je vous répondrai : Samson et Dalila,
Antoine et Cléopâtre, Hercule aux pieds d'Omphale.

LA MARQUISE.

Vous avez en amour une triste morale !

LE COMTE.

Non. L'homme est comme un fruit que Dieu sépare en deux.
Il marche par le monde ; et, pour qu'il soit heureux,
Il faut qu'il ait trouvé, dans sa course incertaine,
L'autre moitié de lui ; mais le hasard le mène ;
Le hasard est aveugle et seul conduit ses pas ;
Aussi, presque toujours, il ne la trouve pas.

Pourtant, quand d'aventure il la rencontre... il aime.
Et vous étiez, je crois, la moitié de moi-même
Que Dieu me destinait et que je cherchai, mais
Je ne vous trouvai pas, et je n'aimai jamais !
Puis voilà qu'aujourd'hui, nos routes terminées,
Le sort unit, trop tard, nos vieilles destinées.

LA MARQUISE.

Enfin, cela vaut mieux, mais vous avez péché,
Et je ne vous tiens pas quitte à si bon marché.
Savez-vous, mon cher comte, à quoi je vous compare ?
Votre cœur est fermé comme un logis d'avare ;
Vous êtes l'hôte ; quand on vient pour visiter
Vous vous imaginez qu'on va tout emporter,
Et ne montrez aux gens qu'un tas de vieilleries.
Voyons, plus de détours et trêve aux railleries !
Tout avare, en un coin, cache un coffret plein d'or,
Et le cœur le plus pauvre a son petit trésor !
Qu'avez-vous tout au fond ? Portrait de jeune fille
De seize ans, qu'on aima jadis ; légère idylle

Dont on rougit peut-être et qu'on cache avec soin,
N'est-ce pas? Mais, parfois, plus tard, on a besoin
De venir contempler ces images, laissées
Là-bas, derrière soi ; ces histoires passées
Dont on souffre et pourtant dont on aime souffrir.
On s'enferme tout seul, une nuit, pour ouvrir
Certain vieux livre et son vieux cœur. Comme on regarde
La pauvre fleur donnée un beau soir, et qui garde
La lointaine senteur des printemps d'autrefois!
On écoute, on écoute, et l'on entend sa voix
Par les vieux souvenirs faiblement apportée.
Et l'on baise la fleur, dont l'empreinte est restée
Comme au feuillet du livre à la page du cœur.
Hélas! Quand la vieillesse apporte la douleur,
Vous embaumez encor nos dernières journées,
Parfums des vieilles fleurs et des jeunes années!

LE COMTE.

C'est vrai! Même à l'instant j'ai senti revenir,
Tout au fond de mon cœur, un très vieux souvenir;

Et je suis prêt à vous le raconter, marquise,
Mais j'exige de vous une égale franchise,
Caprice pour caprice, et récit pour récit.
Et vous commencerez.

LA MARQUISE.

Je le veux bien ainsi.
Pourtant mon histoire est un simple enfantillage.
Mais, je ne sais pourquoi, les choses du jeune âge
Prennent, comme le vin, leur force en vieillissant,
Et d'année en année elles vont grandissant.
Vous connaissez beaucoup de ces historiettes :
C'est le premier roman de toutes les fillettes,
Et chaque femme, au moins, en compte deux ou trois.
Je n'en eus qu'une seule; et c'est pourquoi, je crois,
Je l'ai gardée au cœur plus vive et plus tenace;
Et dans ma vie elle a rempli beaucoup de place.
J'étais bien jeune alors, car j'avais dix-huit ans;
J'avais appris à lire avec les vieux romans;
J'avais souvent rêvé dans les vieilles allées
Du vieux parc, regardant, le soir, sous les saulées,

Les reflets de la lune, écoutant si le vent
Ne parlait pas d'amour à la branche, et rêvant
A celui que tout bas la jeune fille appelle,
Qu'elle attend, qu'elle croit que Dieu créa pour elle!
Puis voilà que celui que j'avais tant rêvé,
Jeune, fier et charmant, un jour, est arrivé...
Et je sentis bondir mon cœur de jeune fille.
Je me pris à l'aimer; il me trouva gentille...
Mon beau jeune homme, hélas! partit le lendemain.
Rien de plus : un baiser, un serrement de main,
Un regard échangé qu'il oublia bien vite.
Il s'était dit : « Elle est mignonne, la petite. »
Et cela lui sortit du cœur; mais Dieu défend
De se jouer ainsi de l'amour d'une enfant!
Ah! vous trouvez la femme insensible; elle saute
De caprice en caprice; allez, c'est votre faute.
Elle pourrait aimer, mais vous l'en empêchez.
Le premier amour qui lui vient, vous l'arrachez!
Pauvre fille! j'étais bien folle et bien crédule;
Mais vous allez trouver cela fort ridicule,
Vous qui raillez l'amour... Longtemps je l'attendis!...
Comme il ne revint pas, j'épousai le Marquis.

Mais je confesse que j'aurais préféré l'autre!
J'ai mis mon cœur à nu, découvrez-moi le vôtre
Maintenant.

LE COMTE, *souriant.*

Ainsi, c'est une confession?

LA MARQUISE.

Et vous n'obtiendrez pas mon absolution
Si vous raillez encor, méchant homme insensible.

LE COMTE.

C'était dans la Bretagne, à l'époque terrible
Qu'on nomme la Terreur. — Partout on se battait.
Moi j'étais Vendéen; je servais sous Stofflet.
Or, cela dit, ici commence mon histoire.
On venait, ce jour-là, de repasser la Loire.
Nous étions demeurés, postés en partisans,
Quelques braves amis, quelques vieux paysans,

Et moi leur chef, en tout peut-être une centaine,
Cachés dans les buissons qui contournaient la plaine,
Protégeant la retraite et cédant peu à peu.
Nos hommes, à la fin, avaient cessé le feu;
Et l'on se dispersait, selon notre coutume,
Quand un soldat soudain, un Bleu, qui, je présume,
S'était, grâce aux buissons, avancé jusqu'à nous,
Sauta dans le chemin et me tira deux coups
De pistolet. J'ouvris la tête de ce drôle;
Mais j'avais, pour ma part, deux balles dans l'épaule.
Tout mon monde était loin. En prudent général,
J'enfonçai l'éperon aux flancs de mon cheval.
Alors, à travers champs, et la tête éperdue,
Comme un fou qui s'enfuit, j'allai, bride abattue;
Tant qu'enfin, harassé, brisé, n'en pouvant plus,
Je tombai, tout en sang, au revers d'un talus.
Mais bientôt, près de moi, je vis une lumière
Et j'entendis des voix. — C'était une chaumière
Où je heurtai, criant : « Ouvrez, au nom du roi ! »
Et puis, à bout de force et tout roidi de froid,
Je m'affaissai, râlant, en travers de la porte.
Suis-je resté longtemps étendu de la sorte ?

Je ne sais; mais, alors que je repris mes sens,
J'étais dans un bon lit bien chaud; de braves gens,
Attendant mon réveil avec inquiétude,
S'empressaient, m'entouraient, pleins de sollicitude.
Et je vis, au milieu de ces lourdauds bretons,
Comme un oiseau des bois couvé par des dindons,
Une enfant de seize ans! ah! marquise, marquise!
Quelle tête ingénue et quelle grâce exquise!
Comme elle était jolie avec ses cheveux blonds
Sous son petit bonnet, si soyeux et si longs
Qu'une reine pour eux eût donné sa richesse!
Puis elle avait des pieds et des mains de duchesse;
Si bien que je doutai très fort de la vertu
De sa grosse maman; j'aurais pour un fétu
Vendu mes droits d'auteur, à la place du père.
Dieu! Qu'elle était jolie avec sa mine austère
Et pudique. — Et durant quatre nuits et trois jours
Elle ne quitta pas mon chevet; et toujours
Je la voyais auprès de moi, tantôt assise,
Tantôt debout, lisant dans son livre d'église
Et priant, mais pour qui? — Pour moi, pauvre blessé?
Ou pour un autre? Puis, son petit pied pressé

Allait, venait, trottait lestement par la chambre;

Et puis, de ses yeux clairs et dorés comme l'ambre

Elle me regardait; car elle avait un œil

Jaune comme celui de l'aigle, et plein d'orgueil.

Et même j'éprouvai, quand je vous vis, marquise,

Pour la première fois, une grande surprise,

En retrouvant cet œil et ce regard pareil

Qu'on eût dit éclairé d'un rayon de soleil.

Elle était, sur ma foi, si fraîche et si jolie

Que, presque à mon insu, j'avais fait la folie

De me mettre à l'aimer. — Mais voilà qu'un matin

J'entendis le canon gronder dans le lointain.

Mon hôte entra soudain, tout pâle et hors d'haleine :

« Les Bleus, les Bleus, dit-il, ils vont cerner la plaine,

« Sauvez-vous ! » — Cependant, j'étais bien faible encor,

Mais je me dépêchai, car le temps pressait fort.

Comme un cheval frissonne au bruit de la trompette,

La fièvre du combat me montait à la tête.

Mais elle, tout de noir vêtue, et comme en deuil,

Quelques larmes aux yeux, m'attendait sur le seuil.

Elle tint l'étrier quand je me mis en selle.

En galant chevalier je me penchai vers elle,

Et déposai gaîment un baiser sur son front.
Elle se redressa, comme sous un affront.
Un fauve éclair jaillit de sa fière prunelle,
Et rougissant de honte : « Ah! Monsieur », me dit-elle.
Certe, elle n'était point ce que j'avais pensé;
Elle avait trop grand air, et j'avais offensé
Gauchement, lourdement, la noble jeune fille,
L'enfant de quelque ancienne et fidèle famille
Que de vieux serviteurs cachaient au milieu d'eux,
Quand le père, avec nous, luttait contre les Bleus.
Ah! je fis tout d'abord contenance assez sotte;
Mais j'étais, en ce temps, quelque peu Don Quichotte,
Et tous les vieux romans me tournaient le cerveau.
Aussi, de mon cheval descendant aussitôt,
Je fléchis humblement un genou devant elle,
Et je lui dis : « Pardon, pardon, mademoiselle;
« Ce baiser, croyez-moi car je ne mens jamais,
« N'est point d'un libertin ou d'un étourdi, mais,
« Si vous le voulez bien, sera de fiançailles.
« Je reviendrai, si le permettent les batailles,
« Chercher gage d'amour que je vous ai laissé. »
« Soit, dit-elle en riant. — Adieu! mon fiancé. »

Elle me releva ; puis, de sa main mignonne
M'envoyant un baiser : « Allez, on vous pardonne,
« Dit-elle, et revenez bientôt, bel inconnu ! » —
Et je partis.

LA MARQUISE, *tristement*.

Et vous n'êtes pas revenu ?

LE COMTE.

Mon Dieu ! non. Mais pourquoi ? Je ne sais trop moi-même.
Je me suis dit : Est-il possible qu'elle m'aime
Cette enfant que je vis un instant ? Pour ma part
L'aimais-je ? J'hésitais. J'arriverais trop tard
Peut-être ? Pour trouver ma belle jeune fille
Aimant quelque autre, aimée et mère de famille.
Et puis ce vain propos d'un fou, dit en passant,
Sans doute avait glissé sur elle, lui laissant
Un mignon souvenir, une douce pensée.
Et puis, la trouverais-je où je l'avais laissée ?

M'étais-je pas trompé? Ne valait-il pas mieux
Garder ce souvenir lointain, frais et joyeux,
La voir telle toujours que je me l'étais peinte,
Et ne point revenir et la revoir, de crainte
De ne trouver, hélas! que désillusion?
Mais il m'en est resté comme une obsession,
Une vague tristesse au cœur, et comme un doute
D'un bonheur coudoyé, mais laissé sur ma route.

LA MARQUISE, *avec des sanglots dans la voix.*

Elle l'aurait peut-être aimé, cet inconnu?
Dieu seul le sait! mais vous n'êtes point revenu.

LE COMTE.

Marquise, aurais-je donc commis un si grand crime?

LA MARQUISE.

Ne me disiez-vous point, tout à l'heure : « J'estime

« Que l'homme est comme un fruit que Dieu sépare en deux ;
« Il marche par le monde ; et, pour qu'il soit heureux,
« Il faut qu'il ait trouvé, dans sa course incertaine,
« L'autre moitié de lui ; mais le hasard le mène ;
« Le hasard est aveugle et seul conduit ses pas ;
« Aussi, presque toujours, il ne la trouve pas.
« Pourtant, quand d'aventure il la rencontre, il aime.
« Et vous étiez, je crois, la moitié de moi-même
« Que Dieu me destinait et que je cherchai, mais
« Je ne vous trouvai pas et je n'aimai jamais.
« Puis voilà qu'aujourd'hui, nos routes terminées,
« Le sort unit, trop tard, nos vieilles destinées. »
Trop tard, hélas, car vous n'êtes pas revenu !

LE COMTE

Marquise, vous pleurez !...

LA MARQUISE.

Ce n'est rien, j'ai connu

La pauvre fille dont vous parliez tout à l'heure;
Ce récit m'attrista; voilà pourquoi je pleure.
Ce n'est rien.

LE COMTE.

L'enfant qui jadis reçut ma foi,
Marquise, c'était vous!

LA MARQUISE.

Eh bien! oui, c'était moi...
(Le comte se met à genoux et lui baise la main. — Il est très ému.)

LA MARQUISE, *après un moment de silence.*

Allons, n'y pensons plus. Il est un temps aux roses.
Notre vieux front pâli n'est plus fait pour ces choses.
Rirait bien qui pourrait nous voir en ce moment!
Relevez-vous; et pour finir ce vieux roman,

Souvenir du passé qui n'est plus de notre âge,

Tenez, comte, je vais vous rendre votre gage;

Je ne suis plus fillette, et j'ai le droit d'oser.

(Elle l'embrasse sur le front. Puis, avec un sourire triste.)

Mais il a bien vieilli, votre pauvre baiser!

TABLE

TABLE

	Pages.
Le Mur..	1
Coup de Soleil..	13
Terreur..	17
Une Conquête..	21
Nuit de Neige..	33
Envoi d'Amour..	37
Au Bord de l'Eau..	41
Les Oies sauvages..	59
Découverte..	65
L'Oiseleur..	71
L'Aïeul..	77

	Pages.
Désirs	83
La Dernière Escapade	89
Promenade	109
Sommation	113
La Chanson du Rayon de Lune	119
Fin d'Amour	125
Propos des Rues	135
Vénus Rustique	145
Histoire du Vieux Temps	181

Achevé d'imprimer

le vingt mai mil huit cent quatre-vingt-quatre

PAR

CHARLES UNSINGER

POUR

VICTOR-HAVARD, ÉDITEUR

175, Boulevard Saint-Germain, 175

PARIS

EN VENTE A LA MÊME LIBRAIRIE

GUY DE MAUPASSANT

La Maison Tellier, 12ᵉ *édition*,
   1 volume in-18. . . . . 3 fr. 50

Mˡˡᵉ Fifi, 8ᵉ *édition*,
   1 volume in-18. . . . . 3 fr. 50

Une Vie, 25ᵉ *édition*,
   1 volume in-18. . . . . 3 fr. 50

Au Soleil, 10ᵉ *édition*,
   1 volume in-18. . . . . 3 fr. 50

Miss Harriet, 10ᵉ *édition*,
   1 volume in-18. . . . . 3 fr. 50

Paris. — Typ. Ch. Unsinger.

Texte détérioré — reliure défectueuse
NF Z 43-120-11

www.ingramcontent.com/pod-product-compliance
Lightning Source LLC
Chambersburg PA
CBHW051902160426
43198CB00012B/1711